AF331482

Uu

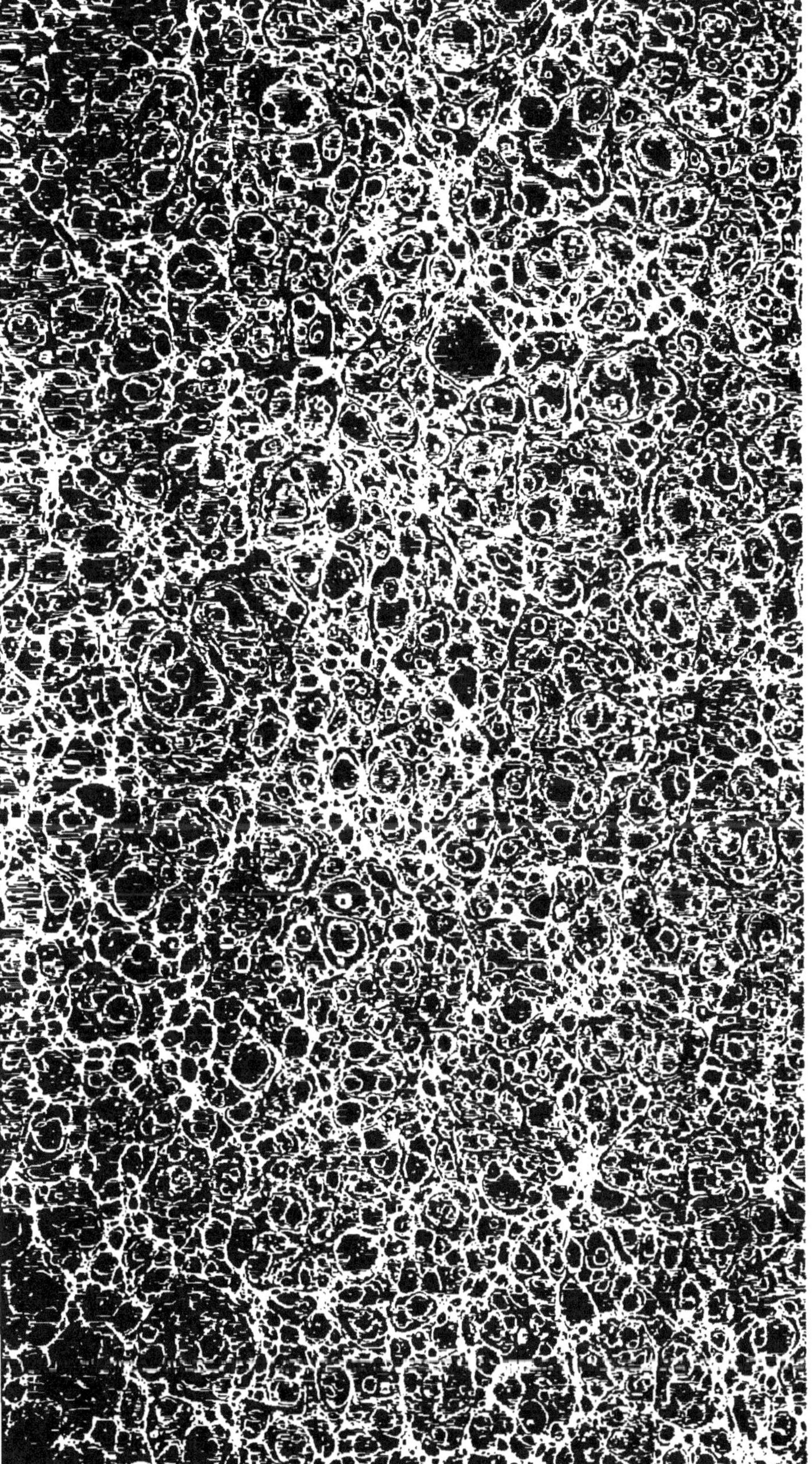

COLLECTION HISTORIQUE.

—

HISTOIRE ANCIENNE.

XVIII.

A. PIHAN DELAFOREST,

Imprimeur de Monsieur le Dauphin et de la Cour de Cassation,
rue des Noyers, n° 37.

HISTOIRE ANCIENNE

DE

CHARLES ROLLIN

PRÉCÉDÉE

DE SON ÉLOGE

PAR M. BERVILLE,

Avocat à la Cour Royale,

SUIVI

DE SA VIE

PAR M. NOEL,

Membre de la Légion-d'Honneur, Inspecteur-Général
des Etudes.

*Édition revue, corrigée avec soin, et enrichie de
Notes critiques.*

Paris,

RAYNAL, LIBRAIRE,
Rue Pavée Saint-André-des-Arts, n° 13.
1830.

TABLE CHRONOLOGIQUE.

La *Chronologie* est la connaissance des temps. Elle apprend à quelle année on doit rapporter les évènemens dont il est parlé dans l'histoire. Les années qui servent à mesurer la durée du temps sont ou solaires ou lunaires.

L'année solaire est le temps qui s'écoule depuis un équinoxe jusqu'à l'autre semblable qui suit immédiatement : par exemple , depuis l'équinoxe du printemps jusqu'à l'équinoxe du printemps suivant, ce qui comprend 365 jours cinq heures quarante-neuf minutes.

L'année lunaire est composée de douze mois lunaires, dont chacun est de vingt-neuf jours douze heures et quarante-quatre minutes qui font en tout 354 jours huit heures et quarante-huit minutes.

L'une et l'autre de ces deux années s'appelle astronomique , pour la distinguer de

celle qui est à l'usage des peuples, qu'on nomme civile ou politique.

Quoique toutes les nations ne se soient pas accordées dans la manière de déterminer leurs années, les unes se réglant sur le mouvement du soleil, et les autres sur celui de la lune, cependant on ne se sert communément dans la *chronologie* que des années solaires. Il semble d'abord que, comme les années lunaires sont plus courtes que les solaires, cette inégalité devrait produire quelque erreur dans les calculs chronologiques. Mais il faut remarquer que les peuples qui se servaient des années lunaires y intercalaient un certain nombre de jours pour les ajuster avec les solaires ; ce qui fait que les unes reviennent aux autres, ou du moins, s'il y a quelque différence, on peut la négliger, lorsqu'il ne s'agit que d'assigner l'année dans laquelle un fait est arrivé.

Il y a dans la *chronologie* certains temps marqués par quelque grand évènement, auxquels on rapporte tout le reste. C'est ce qui s'appelle *époque*, d'un mot grec qui signifie s'arrêter, parce qu'on s'arrête là pour considérer, comme d'un lieu de repos, tout ce qui est arrivé devant ou après, et pour évi-

ter par ce moyen les anachronismes, c'est-à-
dire, cette sorte d'erreurs qui fait confondre
les temps.

Le choix des évènemens qui doivent servir d'époques est arbitraire ; et quand on
étudie l'histoire en son particulier , on est le
maître de prendre ceux que l'on veut, selon
le plan qu'on s'est formé.

Si l'on commence à compter les années
d'un de ces points marqué par un évènement considérable, le dénombrement et la
suite de ces années s'appelle *ère*. Il y a presque autant d'ères qu'il y a eu de différens
peuples. Les principales, et qui sont le plus en
usage , son celle du *monde,* celle de *Jésus-
Christ,* celle des *olympiades,* et celle de *Rome.*
J'aurais bien voulu les employer toutes quatre dans les tables chronologiques que je
mets à la fin de mon histoire ; mais le peu
d'espace que me donnent les feuillets d'un
in-douze, m'oblige de me restreindre aux
deux plus célèbres, c'est-à-dire , celle du
monde et celle de *Jésus-Christ.*

On sait que les *olympiades* tiraient leur
origine des jeux olympiques qui se célébraient dans le Péloponèse auprès de la ville
d'Olympie. Ces jeux devinrent si solennels,

que la Grèce en fit sont *époque* pour compter les années. On entend par *olympiade* l'espace de quatre années révolues, qui est le temps qui s'écoulait d'une célébration de jeux à une autre. La première dont se servent les chronologistes commence, selon Ussérius, à l'été de l'année du monde 3228, avant Jésus-Christ 776. Quand on désigne par les *olympiades* le temps où est arrivé un évènement, on dit la première, la seconde ou la troisième, etc., année d'une telle *olympiade* ; ce qui étant une fois connu, il est aisé de trouver l'année du monde à laquelle on doit rapporter le même fait, et réciproquement, quand on connaît l'année du monde, il est facile de trouver l'olympiade qui y répond.

Rome fut bâtie, selon la chronologie de Varron l'an du monde 3251, avant Jésus-Christ 753. Caton place la fondation de cette ville deux ans plus tard; ce qui revient à l'an du monde 3253, avant Jésus-Chrit 751. Je suivrai dans mon Histoire romaine le sentiment de ce dernier. On appelle indifféremment les années que l'on compte de cette *époque*, les années de Rome, ou les années de la fondation de la ville.

La *période julienne* est encore une ère fameuse dans la *chronologie*, dont on se sert principalement pour compter les temps avant Jésus-Christ. Je vais expliquer en peu de mots en quoi consiste cette *période*, et quel en est l'usage. Il faut auparavant donner une idée des trois *cycles* dont elle est composée.

On entend par cycle la révolution d'un certain nombre d'années.

Le *cycle* solaire est une période de 28 ans, qui renferme toutes les variations que peuvent souffrir les jours de dimanche et les autres dont la semaine est composée, c'est-à-dire, qu'au bout de 28 ans les sept premières lettres de l'alphabet dont on se sert dans le *calendrier* pour marquer les jours de la semaine, et que l'on appelle lettres dominicales, reviennent dans le même ordre où elles étaient auparavant. Pour entendre ce que je viens de dire, il faut remarquer que, si l'année n'avait que cinquante-deux semaines, il n'y aurait aucun changement dans l'ordre des lettres dominicales. Mais comme elle a un jour de plus, et deux lorsqu'elle est bissextile, cela produit des variations qui se trouvent toutes renfermées dans l'espace de 28 ans, dont le *cycle* solaire est composé.

Le *cycle* lunaire, qu'on appelle aussi nombre d'or, est la révolution de 19 années au bout desquelles la lune se trouve, à une heure et demie près, au même point avec le soleil, et recommence ses lunaisons dans le même ordre qu'auparavant. C'est à Méthon l'Athénien, célèbre astronome, qu'on est redevable de l'invention de ce *cycle*. On s'en servait pour marquer dans le calendrier les jours des nouvelles lunes, avant l'invention des épactes.

Outre ces deux *cycles*, les chronologistes en admettent encore un troisième, qu'on nomme indiction. C'est une révolution de quinze années, dont la première s'appelle la première *indiction* ; la seconde s'appelait la seconde *indiction*, et ainsi de suite jusqu'à la quinzième, après laquelle on recommence à compter la première indiction, etc.

On suppose communément que la première indiction a commencé trois ans avant la naissance de Jésus-Christ,

Si on multiplie ces trois cycles, c'est-à-dire 28, 19 et 15 l'un par l'autre, on aura le produit 7980, qui est ce qu'on appelle la période julienne.

Une des propriétés de cette période est de donner les trois cycles caractéristiques de chaque année, c'est-à-dire l'année courante

de chacun de ces trois cycles ; par exemple, on sait que l'ère vulgaire commence à l'année 4714 de la *période julienne*. Si on divise ce nombre par 28, ce qui restera [1] après la division indiquera le *cycle* solaire de cette année. On trouvera de la même manière le cycle lunaire et l'indiction. Il est démontré que les trois nombres qui exprimeront ces trois *cycles* ne peuvent se retrouver dans le même ordre dans aucune année de la *période julienne*. Il en est de même des cycles des autres années.

En remontant dans cette période jusqu'à sa première année, c'est-à-dire jusqu'à celle où les trois cycles dont elle est composée commencent ensemble, on trouvera qu'elle précède la création du monde de 710 ans, en supposant que la création ne précède l'ère vulgaire que de 4004 ans.

Cette période s'appelle *Julienne*, parce qu'elle est accommodée aux années de Jules-César. Scaliger l'a inventée pour concilier les systèmes qui partagent les chronologistes

---

[1] Je dis ce qui reste, et non pas le quotient, comme ont fait quelques auteurs, car le quotient exprime combien il s'est écoulé de *cycles* depuis le commencement de la période, et ce qui reste après la division fait connaître l'année du cycle courant.

sur la durée du temps qui s'est écoulé depuis le commencement du monde. Il y en a qui croient qu'il ne faut compter jusqu'à *Jésus-Christ* que 4004 ans. D'autres donnent plus d'étendue à cet espace et augmentent le nombre des années qui le mesure. Ces variations disparaissent quand on se sert de la période julienne ; car tout le monde s'accorde sur l'année où elle a commencé, et il n'y a personne non plus qui ne convienne que la première année de l'*ère* vulgaire tombe en la 4714 de cette période. Ainsi on a dans la période julienne deux points fixes qui réunissent tous les systèmes, et qui accordent tous les chronologistes.

Il est facile de trouver l'année de la *période julienne*, qui répond à telle année que ce soit de l'ère vulgaire du monde : car, puisque le commencement de la *période julienne* précède cette ère de 710 ans, il s'ensuit qu'en ajoutant ce nombre à l'année proposée de l'ère du monde, on aura l'année de la *période julienne* qui y répond. Par exemple, on sait que la bataille d'Arbelles se donna l'an du monde 3673. Si à ce nombre on ajoute 710, on aura 4383, lequel nombre exprimera l'année de la *période julienne* à laquelle il faut rapporter la bataille d'Arbelles.

Il me reste à dire un mot de l'ordre que j'ai suivi dans mes tables chronologiques. Je m'étais proposé d'abord de faire autant de colonnes qu'il se rencontre de peuples dans mon livre dont l'histoire tombe en même temps, et de les placer toutes les unes auprès des autres, afin que d'un seul coup-d'œil on aperçut tous les évènemens qui sont arrivés dans chaque année. Mais, outre que je n'avais pas assez d'espace pour mettre tant de colonnes à côté les unes des autres, j'ai trouvé qu'il aurait fallu laisser trop de vides, ce qui aurait alongé considérablement les tables, et grossi par conséquent le volume qui l'est déja beaucoup. J'ai donc pris le parti de séparer les Carthaginois et les Syracusains, et d'en donner la chronologie à part. L'histoire de ces deux peuples a beaucoup de rapport l'une avec l'autre, et en a très peu avec celle des autres nations dont il est parlé dans mon histoire.

On sait que jusqu'ici je ne me suis point arrêté aux discussions chronologiques, et on ne s'attend pas, sans doute, que j'y entre maintenant. Je suivrai ordinairement Ussérius que j'ai choisi pour mon guide dans cette matière.

ASSYRIENS.

Nemrod fondateur du premier empire des Assyriens [1].

Ninus, fils de Nemrod.

Sémiramis, elle règne 42 ans.

Ninyas.

L'histoire des successeurs de Ninyas pendant trente générations, si on excepte celle de Phul et de Sardanapale, est inconnue.

ÉGYPTE.

Les rois pasteurs s'emparent de la Basse-Egypte. Leur domination dure 260 ans [2].

Abraham passe dans l'Egypte, Sara y court un grand risque de la part d'un des rois pasteurs [3].

Thethmosis chasse les rois pasteurs, et règne dans la Basse-Egypte [4].

Joseph est emmené en Egypte et vendu à Putiphar [5].

Jacob passe en Egypte avec sa famille [6].

Ramessès-Miamum commence à régner en Egypte. Il persécute les Israélites [7].

Cécrops emmène une colonie d'Egypte, et va fonder le royaume d'Athènes [8].

Aménophis, l'aîné des enfans de Ramessès lui succède [9].

[1] 1800–2204. [2] 1920–2084. [3] 2084–2920. [4] 2179–1825. [5] 2276–1728. [6] 2298–1706. [7] 2427–1577. [8] 2448–1556. [9] 2494–1510.

ÉGYPTE.

Ménès ou Mesraim, premier roi d'Egypte [1].
Busiris.
Osymandias.
Uchoreus.

GRÈCE.

Fondation du royaume de Sicyone [2].

Fondation du royaume d'Argos. Déluge d'Ogygès
dans l'Attique [3].

Fondation du royaume d'Athènes par Cécrops. Il
établit l'aréopage.

Sous Cranaüs, successeur de Cécrops, arriva le
déluge de Deucalion [4].

Fondation du royaume de Lacédémone. Lelex en
est le premier roi.

[1] 1816-2188.   1915-2089. [3] 2148-1856. [4] 2488-
1516.

ÉGYPTE.

Les Israélites sortent de l'Egypte [1]. Aménophis est englouti dans la mer Rouge. Sésostris son fils lui succède. Il divise l'Egypte en trente Nomes, rend l'Ethiopie tributaire, soumet l'Asie, s'assujétit les Scythes jusqu'au Tanaïs. De retour en Egypte il se donne la mort après un règne de 33 ans.

Phéron succède à Sésostris [2].

Protée. Sous son règne Pâris est jeté dans l'Egypte en s'en retournant à Troie avec Hélène [3].

Rhampsinit.
Chéops.
Chéphrem.
Mycérinus.
Asychis.

Les six règnes précédens ont duré 170 ans, mais il est difficile de marquer la durée de chacun en particulier.

----

[1] 2513-1491.   [2] 2547-1474.   [3] 2800-1204.

GRÈCE.

Danaus frère de Sésostris sort de l'Egypte et se retire dans le Péloponèse où il se rend maître d'Argos[1].

Persée, le cinquième des successeurs de Danaus,
ayant par malheur tué son grand-père, abandonne
Argos et va fonder le royaume de Mycènes.
Sisyphe fils d'Eole se rend maître de Corinthe[2].
Les descendans de Sisyphe sont chassés de Corin-
the par les Héraclides[3].
Egée fils de Pandion roi de l'Attique. On place
l'expédition des Argonautes sous le règne de ce prince[4].
Les Héraclides se rendent maîtres du Péloponèse,
d'où ils sont obligés de sortir peu de temps après.

Prise de la ville de Troie par les Grecs[5].

Les Héraclides rentrent dans le Péloponèse et se
saisissent de Sparte, où deux frères Eurysthène et
Proclès règnent ensemble[6].

[1] 2530-1474. [2] 2628-1376. [3] 2710-1294. [4] 2720-
1284. [5] 2820-1184. [6] 2900-1104.

ÉGYPTE.

Pharaon roi d'Egypte donne sa fille en mariage à Salomon [1].

Sesac, appelé autrement Sesonchis. C'est chez lui que Jéroboam se réfugia [2].

Sesac marche contre Jérusalem, et s'assujétit toute la Judée [3].

Zara roi d'Egypte fait la guerre à Aza roi de Juda [4].

Anysis. Sous son règne Sabacus roi d'Ethiopie se rend maître de l'Egypte, y règne cinquante ans, après lesquels il se retire et laisse le royaume à Anysis.

Je vais reprendre la suite de la chronologie des Assyriens que j'ai interrompue, parce que depuis Ninyas jusque vers ce temps-ci on ne sait rien de leur histoire.

[1] 2991-1013. [2] 3026-978. [3] 3033-971. [4] 3063-941.

GRÈCE.

Etablissement des Archontes à Athènes. Ménon fils de Codrus est le premier [1].

Cadmus bâtit la ville de Thèbes et y établit le siège de sa domination [2].

Lycurgue [3].

Homère. Hésiode vécut à peu près dans le même temps [4].

Caranus fonde le royaume de Macédoine [5].

Commencement de l'ère commune des olympiades [6].

ASSYRIENS.

Phul. C'est le roi de Ninive qui fit pénitence à la prédication de Jonas [7].

Sardanapale dernier roi du premier empire des Assyriens. Après 20 ans de règne, il se brûle dans son palais [8].

Le premier empire des Assyriens qui finit à la mort de Sardanapale avait subsisté pendant plus de 1450 ans. De ses débris il s'en forma trois autres, celui

[1] 2934-1070. [2] 2949-1055. [3] 3120-884. [4] 3160-844. [5] 3210-794. [6] 3228-776. [7] 3233-771. [8] 3237-767.

ÉGYPTE	GRÈCE.
	Première guerre entre les Messéniens et les Lacédémoniens. Elle dure 20 ans [1].

[1] 3261-743.

ASSYRIENS.

des Assyriens de Babylone, celui des Assyriens de
Ninive, et celui des Mèdes.

BABYL.	NINIVE.	MÈDES.	LYDIE.

Bélésis ou Nabonassar. L'Ecriture le nomme Baladan [1].

Théglath-phalasar. La 8e année de son règne il donne du secours à Achas roi de Juda, se rend maître de la Syrie et d'une partie du royaume de Juda.

Arbace exerce l'autorité souveraine chez les Mèdes, sans néanmoins prendre le titre de roi.

Mérodach-Baladan [2]. C'est lui qui envoya des ambassadeurs au roi Ezéchias pour le congratuler sur sa convalescence. On ne sait rien des autres rois qui ont régné à Babylone.

Les Héraclides tinrent le royaume de Lydie pendant 505 ans. Argon fut le premier. Il commença à régner l'an du monde 2781. L'histoire de ses successeurs jusqu'à Candaule, est peu connue.

Candaule [3].

1 3257-747. 2 3268-736. 3 3269-735.

ÉGYPTE.	GRÈCE.
	Archiloque, poète célèbre [1].
Séthon. Son règne dure 14 ans [2].	

[1] 3280-724. [2] 3285-719.

BABYL.	NINIVE.	MÈDES.	LYDIE.
	Salmana-sar. La 8ᵉ année de son règne il se rendit maître de Samarie et en emmena le peuple en captivité.		Gygès fait mourir Candaule et règne en sa place [1].
	Sennaché-rib. La cinquième année de son règne il fait la guerre à Ezéchias roi de Juda [2]. Un ange fait périr son armée dans le temps qu'il assiège Jérusalem, de retour dans son royaume il est tué par ses propres enfans. Asarhaddon [3].	Déjoce se fait déclarer roi des Mèdes [4].	

[1] 3286-718. [2] 3287-717. [3] 3294-710. [4] 3296-708

ÉGYPTE.	GRÈCE.
Tharaca. Son règne dure 18 ans [1].	
Anarchie de deux ans dans l'Égypte.	
Douze des principaux seigneurs de l'Égypte se saisissent du royaume et en gouvernent chacun une partie avec une autorité égale [2].	
	Seconde guerre entre les Lacédémoniens et les Messéniens, 14 ans [3].

[1] 3298-706. [2] 3319-685. [3] 3320-684.

BABYL.	NINIVE.	MÉDIE.	LYDIE.
	Asarhad-don réunit l'empire de Babylone à celui de Ninive[1].		
			Mort de Gygès. Ardys son fils lui suc—cède. Sous son règne, qui fut de 49 ans, les Cimmériens se rendirent maîtres de Sardes[2].
	Asarhab-don trans—porte en As-		

[1] 3323-681. [2] 3324-680.

ÉGYPTE.　　　　　　　GRÈCE.

Psammitique, l'un des
douze rois, défait les onze
autres et demeure seul
maître de l'Egypte. Il
prend Azoth après un
siège de 29 ans[1].

Tyrtée, poète qui excel-
lait à chanter la valeur
guerrière[2].

[1] 3334-670. [2] 3364-640.

NIN. et BAB.	MÈD.	LYD.
syrie les restes du royaume d'Israel. La même année il met aux fers Manassé, et l'emmène à Baby—lone [1].		
Saosduchin ou Nabuchodonosor I. La douzième année de son règne il défait Phraorte roi des Mèdes et se rend maître d'Ecba—tane. Ce fut après cette expédition qu'il fit faire le siège de Béthulie par Holopherne [2]. Mort de Nabu—chodonosor. Sa—racus, appelé aus—si Chynaladanus, lui succéda [4].	Mort de Dé—joce. Phraorte lui succède [3].	

[1] 3327-677. [2] 3355-669. [3] 3347-657. [4] 3356-648.

ÉGYPTE.	GRÈCE.
	Thalès de Milet, fonda-teur de la secte ionique.
	Dracon , législateur d'Athènes [1].

[1] 3380-624.

NIN. et BAB.	MÉD.	LYD.
	Phraorte périt au siège de Ninive avec une partie de son armée. Cyaxare son fils lui succède. La 2e année de son règne il bat les Assyriens et attaque Ninive, dont il est obligé d'abandonner le siège à cause d'une irruption que les Scythes font dans ses Etats[1].	
		Sadyatte. Il forme le siège de Milet la sixième année de son règne[2].
Révolte de Nabopolassar contre Saracus. Il se rend maître de Babylone[3].	Cyaxare réunit ses forces avec celles de Nabopolassar, se rend maître de Ninive,	

[1] 3369-635. [2] 3373-631. [3] 3378-626.

XVIII.   2

ÉGYPTE.　　　　　　　　　GRÈCE.

Néchao. La septième an-
née de son règne il défait
l'armée du roi d'Assyrie ,
et s'empare d'une partie de
ses Etats. Son règne dure
16 ans 1.

' 3388–616.

NIN. et BAB.	MÉD.	LYD.
Destruction de Ninive. Depuis ce temps-là Baby-lone fut la seule capitale de l'empire assyrien.	la ruine, et fait mourir Saracus qui en était roi.	
		Alyatte. Il continue le siège de Milet, qui avait déjà duré 6 ans sous le règne de son père, et le termine au bout de 6 autres années par un traité de paix qu'il conclut avec les assiégés. Sous le règne de ce prince il y eut une guerre entre les Mèdes et les Lydiens, qui se termina par le mariage de Cya-xare avec Aryé-nis fille d'Alyat-te [1].
Nabopolassar [2] s'associe à l'empire Nabuchodo-nosor son fils, et l'envoie à la tête d'une armée pour		

[1] 3385-619. [2] 3397-607.

ÉGYPTE.	GRÈCE.
	Solon [1].
	C'est à peu près vers ce temps-ci que vécurent les sept sages de la Grèce.
	Alcée, qui a donné son nom au vers alcaïque.
	Sapho, dans le même temps.
Psammis, 6 ans [2].	

[1] 3400-604.   [2] 3404-600.

BABYL.	MÉD.	LYD.
remettre sous son obéissance les pays que Néchao lui avait enlevés.		
Prise de Jérusalem par Nabuchodonosor. Il transporte à Babylone un grand nombre de Juifs parmi lesquels était Daniel [1].		
C'est à ce transport des Juifs à Babylone que commence la captivité.		
Mort de Nabopolassar. Nabuchodonosor II son fils succède à tous ses États [2].		
Premier songe de Nabuchodonosor expliqué par Daniel [3].	Astyage fils de Cyaxare donne sa fille en mariage à Cambyse roi des Perses [4].	

[1] 3398-606. [2] 3399-605. [3] 3403-601. [4] 3404-600.

ÉGYPTE.　　　　　　　　GRÈCE.

Apriès. Il se rend maître
de Sidon dans les premières
années de son règne [1].

Sédécias, roi de Juda,
fait alliance avec le roi
d'Egypte contre les avis du
prophète Jérémie [2].

[1] 3410-594. [2] 3411-593.

BABYL.   MÉD.   LYD.

Les lieutenans de Nabuchodo-nosor, après avoir ravagé la Judée, forment le blocus de Jérusalem, et font mourir le roi Joachim. Sur la fin de la même année Nabucho-donosor se trans-porte en personne à Jérusalem, s'en rend maître, et y établit roi Sédécias à la place de Jéchonias qu'il emmène en captivité [1].

Naissance de Cyrus.

Mort de Cyaxare. Astyage son fils lui succède. Il règne 35 ans [2].

Nabuchodono-sor ruine Jérusa-lem, et emmène

Cyrus va pour la première fois en Médie voir son

[1] 3405-599.   [2] 3409-595.

ÉGYPTE.   GRÈCE.

Expédition malheureuse d'Apriès dans la Libye [1].

Révolte d'Amasis contre Apriès.

Nabuchodonosor subjugue l'Egypte, et confirme Amasis dans la possession du royaume [2].

Mort d'Apriès la vingt-cinquième année de son règne [3].

Amasis règne paisiblement après lui.

[1] 3430-574. [2] 3432-572. [3] 3435-569.

BABYL.	MÉD.	LYD.
Sédécias captif à Babylone. De retour dans ses Etats, il fait jeter les trois jeunes Hébreux dans la fournaise.	grand-père Astyage. Il demeure 3 ans auprès de lui.	

Nabuchodonosor se rend maître de Tyr après un siège de 13 ans. Ce fut après cette expédition qu'il marcha contre l'Egypte[2].

Second songe de Nabuchodonosor expliqué par Daniel[3].

Nabuchodonosor réduit à la condition des bêtes pendant 7 ans après lesquels il règne encore 1 an. Evilmérodach son fils lui succède. Il ne règne que 2 ans[4].

[1] 3410-588 [2] 3432-572. [3] 3434-570. [4] 3435-569.

XVIII. 2.

ÉGYPTE.	GRECE.
	Thespis réforme la tra-gédie [1].
	Ce fut vers ce temps-ci que vécut Pythagore.
	Simonide, poète célèbre [2].
	Pisistrate se rend maître d'Athènes [3].

[1] 3440-564. [2] 3444-560. [3] 3545-559.

BABYL. **MÉD.** **LYD.**

Crésus [1].

Neriglissor. Il arme puissamment contre le roi des Mèdes, et appelle Crésus à son secours [2].

Mort d'Astyage. Cyaxare lui succède. Il est connu dans l'Ecriture sous le nom de Darius le Mède.

Esope vivait sous son règne. Il se trouva à la cour de ce prince avec Solon.

Cyrus retourne en Médie pour la seconde fois, afin d'aider son oncle dans la guerre contre les Babyloniens [3].

Expédition de Cyrus contre le roi d'Arménie [4].

Cyaxare et Cyrus défont les Babyloniens dans une grande bataille. Nériglissor y périt [5].

Crésus fuit devant Cyrus.

Laborosoarchod. Son règne ne dure que 9 mois.

On peut placer vers ce temps-ci

[1] 3442–562. [2] 3444–560. [3] 3445–559. [4] 3447–557. [5] 3448–556.

ÉGYPTE. GRECE.

Hyponax l'auteur du vers scazon [1].

Héraclite, chef de la secte qui porte son nom.

Naissance d'Eschyle [2].

Ctésiphon ou Chersiphron, architecte célèbre, surtout par la construction du temple de Diane d'Ephèse.

[1] 3460-544. [2] 3464-540.

BABYL. **MÉD.** **LYD.**

Labynit, nom- le mariage de Cy-
mé dans l'Ecri- rus avec la fille de
ture Baltasar [1]. Cyaxare son oncle.

Bataille de
Thymbrée entre
Crésus et Cyrus
suivie de la prise
de Sardes par ce
dernier [2].

Fin du royaume
de Lydie.

BABYL. **MÈDES.**

Cyrus se rend maître de
Labynit périt à la prise Babylone [3].
de Babylone. La mort de
ce prince met fin à l'em-
pire de Babylone, qui est
réuni avec celui des Mè-
des. Mort de Cyaxare [4].

Après la mort de Cyaxare et de Cambyse, Cyrus,
qui succéda aux Etats de l'un et de l'autre, réunit
l'empire des Mèdes, celui des Babyloniens, et
celui des Perses; et de ces trois il en forma un
quatrième sous le nom d'empire des Perses, qui
a duré 206 ans.

[1] 3449-555. [2] 3456-548. [3] 3466-538. [4] 3468-536.

ÉGYPTE. GRÈCE.

Mort de Pisistrate. Hyp-
pias son fils lui succède [1].

Psamménite. Son règne
ne dure que six mois.
Après la mort de ce prince,
l'Égypte passe sous la
domination des Perses, et
y demeure jusqu'au règne
d'Alexandre-le-Grand, ce
qui comprend 206 ans [2].

[1] 3478-526. [2] 3479-525.

EMPIRE DES PERSES.

Cyrus. La première année de son règne, il permet aux Juifs de s'en retourner en Judée. 3468-536.

Vision de Daniel touchant la succession des rois de Perse. 3470-534.

Cyrus meurt dans un voyage qu'il fait en Perse après avoir régné 7 ans seul, et trente, si on les commence au temps qu'il sortit de Perse à la tête d'une armée pour aller secourir Cyaxare. 3475-529.

Cambyse son fils lui succède. La quatrième année de son règne, il attaque l'Egypte, et la réunit à l'empire des Perses.

Expédition malheureuse de Cambyse contre les Ethiopiens. 3480-524.

Cambyse fait mourir Méroé qui était en même temps sa sœur et sa femme. 3481-323.

Ce fut vers ce temps-ci qu'Orétès, l'un des satrapes de Cambyse, se rendit maître de l'île de Samos, et fit mourir Polycrate qui en était tyran.

Mort de Cambyse. Smerdis le Mage, qui était monté sur le trône dès avant la mort de Cambyse, lui succède. Son règne ne dure que 7 mois. 3482-522.

Darius fils d'Hystaspe. 3483-521.

Edit de Darius en faveur des Juifs où celui de Cyrus est rappelé. On croit que ce fut quelque temps

GRÈCE.

PERSES.

après la publication de cet édit qu'arriva ce qui est rapporté dans l'histoire d'Esther. 3485-519.

Babylone se révolte contre Darius. Elle est réduite après un siège de 20 mois. 3488-516.

Expédition de Darius contre les Scythes. 3490-514.

Darius pénètre dans les Indes, et réduit tout ce grand pays sous sa domination. 3496-508.

L'histoire des Grecs se trouvera désormais mêlée et presque confondue avec celle des Perses, c'est pourquoi je n'en séparerai plus la chronologie.

PERSES ET GRECS.

Les Perses forment le siège de la capitale de l'île de Naxe; ils sont obligés de le lever au bout de six mois. 3501-503.

Aristagore, gouverneur de Milet, se révolte contre Darius, et fait entrer dans ses vues les Ioniens et les Athéniens. 3502-502.

Les Ioniens se rendent maîtres de Sardes et la brûlent. 3504-500.

Les Perses défont les Ioniens dans un combat naval devant l'île de Lade, et se rendent ensuite maîtres de Milet. 3507-497.

Eschyle.

Darius envoie Gobryas son gendre, à la tête d'une armée pour attaquer la Grèce. 3510-494.

Anacréon.

Darius ôte le commandement de ses armées à Gobryas, et le donne à Datis et à Artapherne. 3513-91.

Bataille de Marathon. 3514-490.

Fin malheureuse de Miltiade. 3515-489.

Mort de Darius Hystaspe. Xerxès son fils lui succède. 3519-485.

Naissance de l'historien Hérodote. 3520-484.

Départ de Xerxès pour aller faire la guerre aux Grecs. 3524-480.

Combat des Thermopyles. Léonidas roi des Lacédémoniens y périt. Combat naval près d'Artémise qui se donne en même temps que celui des Thermopyles.

Naissance d'Euripide.

Bataille de Salamine. Elle est suivie du retour précipité de Xerxès en Perse.

Bataille de Platée. Le même jour il se donne un combat naval près de Mycale où les Perses sont défaits. 3525-479.

Les Athéniens rétablissent les murs de leur ville que Xerxès avait ruinés malgré l'opposition des Lacédémoniens. 3526-478.

Le commandement des armées, dont les Lacédémoniens étaient en possession depuis le combat des Thermopyles, passe aux Athéniens. 2528-476.

Pindare fleurissait vers ce temps-ci.

Pausanias, général des Lacédémoniens, accusé d'entretenir des intelligences secrètes avec Xerxès, est mis à mort. 3530-474.

Thémistocle, général athénien, est accusé d'avoir pris part au complot de Pausanias. Il se retire chez Admète, roi des Molosses. 3531-473.

Ce fut vers ce temps-ci que parurent dans la Grèce Sophocle et Euripide.

Xerxès est tué par Artabane, capitaine de ses gardes. 3532-472.

Artaxerxe, surnommé Longue-Main, lui succède. Thémistocle se réfugie auprès de lui la première année de son règne.

PERSES ET GRECS.

Cimon reçoit le commandement des armées à Athènes. L'année suivante il bat les Perses, et se rend maître de leur flotte auprès de l'embouchure du fleuve Eurymédon. 3533-471.

Naissance de l'historien Thucydide.

Grand tremblement de terre à Sparte sous le règne d'Archidamus, qui donne lieu à une sédition de la part des Ilotes. 3534-470.

Naissance de Socrate.

Commencement de Périclès. 3535-469.

Phidias, célèbre par son habileté dans l'architecture et la sculpture.

Brouilleries et mésintelligence entre les Athéniens et les Lacédémoniens, causées par l'affront que font les Lacédémoniens aux Athéniens de renvoyer leurs troupes, après les avoir appelées à leur secours contre les Messéniens et les Ilotes. Ce fut quelque temps après et en conséquence de ces brouilleries, que Cimon fut banni par l'ostracisme.

Esdras obtient d'Artaxerxe une commission pour retourner à Jérusalem avec tous ceux qui voudront le suivre. 3537-467.

Thémistocle se donne la mort à Magnésie. 3538-466.

Hérodique de Sicile, chef de la secte des médecins, appelée Διαιτητικη. Il eut pour disciple Hippocrate. 3540-464.

Révolte des Egyptiens contre Artaxerxe soutenue par les Athéniens. 3544-460.

Défaite de l'armée des Perses en Egypte. 3545-459.

Les Egyptiens sont battus à leur tour avec les Athéniens. En conséquence toute l'Egypte rentre sous l'obéissance d'Artaxerxe, et les Athéniens se retirent à Biblos sous la conduite de Dina-

PERSES ET GRECS.

rus, où ils soutiennent un siège d'un an. 3548-456.

Combat de Tanagre en Béotie où les Athéniens battent les Spartiates qui étaient venus au secours des Thébains.

Néhémie obtient d'Artaxerxe la permission de retourner à Jérusalem. 3550-454.

Naissance de Xénophon. 3554-450.

Cimon, rappelé de son exil qui avait duré cinq ans, réconcilie Athènes et Lacédémone ; et leur fait conclure une trève de cinq ans.

Fin de la guerre entre les Grecs et les Perses. Elle durait depuis que les Athéniens avaient brûlé Sardes, ce qui comprend 51 ans. 3555-449.

Mort de Cimon.

Les Lacédémoniens font une trève pour trente années avec les Athéniens. Ces derniers y donnent bientôt atteinte par leurs nouvelles entreprises. 3558-446.

Empédocle, philosophe pythagoricien, fleurissait vers ce temps-ci.

Myron fameux sculpteur d'Athènes.

Périclès fait la guerre aux Samiens, et se rend maître de la capitale de leur île après un siège de 9 mois. 3564-440.

Zeuxis, peintre célèbre et disciple d'Apollodore. Il eut pour rival Parrhasius qui vivait dans le même temps.

Aristophane, poète comique.

Naissance d'Isocrate. 3568-436.

Guerre entre les Corinthiens et les Corcyréens. Les Athéniens y prennent part en faveur de ceux de Corcyre. Les habitans de Potidée se déclarent en faveur de Corinthe contre Athènes. Alcibiade commence à paraître dans cette guerre qui donne lieu à celle du Péloponèse.

Scopas, architecte et sculpteur.

Commencement de la guerre du Péloponèse, elle dure 27 ans. 3573-431.

L'Attique est ravagée par une peste terrible. Le médecin Hippocrate s'y signale par son dévouement au service des malades. 3574-430.

Mort de Périclès. 3575-429.

Les Lacédémoniens font le siège de Platée. 3576-428.

Platon, chef de l'ancienne académie.

Mort d'Artaxerxe. Xerxès son fils lui succède. Il ne règne que 45 jours. 3579-425.

Sogdien fait mourir Xerxès, et se fait reconnaître roi à sa place. Son règne ne dure que six mois.

Ochus, connu depuis sous le nom de Darius Nothus, se défait de Sogdien et lui succède. 3580-424.

Les Athéniens se rendent maîtres de Cythère sous la conduite de Nicias.

Thucydide l'historien est condamné à l'exil par les Athéniens, dont il commandait les armées, pour avoir laissé prendre Amphipolis.

Polygnote connu surtout par la peinture qu'il fit à Athènes dans le Pécile, où il représenta les principaux évènemens de la guerre de Troie.

Traité de paix conclu par les soins de Nicias entre les Lacédémoniens et les Athéniens, la dixième année depuis le commencement de la guerre du Péloponèse. Une fourberie d'Alcibiade le fait rompre l'année d'ensuite. 3583-421.

L'exil d'Hyperbolus met fin à *l'ostracisme.* 3584-420.

Alcibiade engage les Athéniens à donner du secours aux Egestains contre ceux de Syracuse. 3588-416.

Alcibiade, l'un des chefs de l'armée que les Athé-

niens envoient en Sicile , est rappelé à Athènes
pour y répondre aux accusations qu'on intentait
contre lui. Il s'enfuit à Sparte. Il est condamné par
coutumace. 3589-415.

Pisuthne, gouverneur de Syrie, se révolte contre
Darius. Les Égyptiens en font autant, et se choisissent pour roi Amyrtée qui règne 6 ans. 3590-414.

Alcibiade , pour se soustraire à l'envie que ses
grandes actions lui avaient acquise à Sparte, se jette
entre les bras de Tissapherne satrape du roi de Perse.
Les Lacédémoniens concluent, par l'entremise de
Tissapherne, un traité d'alliance avec le roi de Perse.
3593-411.

Alcibiade est rappelé à Athènes. Son retour fait
casser les quatre cents hommes qu'on avait revêtus
de l'autorité souveraine. 3595-409.

Darius donne à Cyrus, le plus jeune de ses fils, le
gouvernement en chef de toutes les provinces de
l'Asie mineure. 3597-407.

Lysandre est mis à la tête des armées lacédémoniennes. Il défait les Athéniens auprès d'Ephèse. En
conséquence de cette défaite Alcibiade est déposé, et
on nomme dix généraux à sa place. 3598-406.

Callicratidas reçoit le commandement des armées
à la place de Lysandre à qui les Lacédémoniens
l'avaient ôté. Il est tué dans un combat naval près des
Arginuses. 3599-405.

Lysandre est rétabli général des armées lacédémoniennes. Il remporte près d'Ægos-potamos une célèbre victoire sur les Athéniens. 3599-495.

Conon qui commandait l'armée des Athéniens se
retire après sa défaite chez Evagore , roi de Cypre.

Dysandre se rend maître d'Athènes. Il y change
le gouvernement, et y établit trente archontes connus sous le nom de tyrans. 3600-404.

Fin de la guerre du Péloponèse.

Mort de Darius-Nothus. Arsace son fils lui succède. Il prend le nom d'Artaxerxe-Mnémon.

Cyrus le jeune entreprend d'égorger Artaxerxe son frère. Son dessein ayant été découvert, il est renvoyé dans les provinces maritimes dont il était gouverneur.

Entrevue de Cyrus le jeune et de Lysandre à Sardes. 3601-403.

Thrasybule chasse les tyrans d'Athènes, et y rétablit la liberté.

Cyrus le jeune se prépare à faire la guerre à Artaxerxe son frère. 5602-402.

Défaite et mort de Cyrus le jeune à Cunaxa, suivie de la retraite des dix mille. 3603-401.

Mort de Socrate.

Lacédémone déclare la guerre à Tissapherne et à Pharnabaze. 3604-400.

Commencement d'Amyntas roi de Macédoine et père de Philippe. 3606-398.

Agésilas est élu roi de Lacédémone. L'année suivante il passe dans l'Afrique pour porter du secours aux Grecs qui y étaient établis. 3607-397.

Lysandre se brouille avec Agésilas, et entreprend de changer l'ordre de la succession du trône. 3609-395.

L'armée de Tissapherne est défaite auprès de Sardes par Agésilas.

Thèbes, Argos, et Corinthe se liguent contre Lacédémone à la sollicitation des Perses; Athènes entre dans la ligue peu de temps après. Agésilas est rappelé par les éphores au secours de sa patrie.

La flotte des Lacédémoniens est battue près de Cnidos par Pharnabaze et Conon, Athénien, qui commandaient celle des Perses et des Grecs. Pres-

que dans le même temps Agésilas défait les Thébains dans les pláines de Coronée.

Conon rétablit les murailles d'Athènes.

Paix honteuse aux Grecs conclue avec les Perses par Antalcide, Lacédémonien. 3617-387.

Artaxerxe attaque avec toutes ses forces Evagore, roi de Cypre, et remporte sur lui une victoire signalée. Elle est suivie du siège de Salamine qui se termine par un traité de paix. 3618-386.

Expédition d'Artaxerxe contre les Cadusiens. 3620-384.

Naissance d'Aristote, chef des péripatéticiens.

Les Lacédémoniens déclarent la guerre à la ville d'Olynthe. 3621-383.

Naissance de Philippe, roi de Macédoine.

Phébidas, en conduisant au siège d'Olynthe une partie de l'armée des Lacédémoniens, se rend maître de la citadelle de Thèbes.

Naissance de Démosthène.

Pélopidas, à la tête des autres bannis, massacre les tyrans de Thèbes et reprend la citadelle. 3626-378.

Artaxerxe Mnémon entreprend de réduire l'Egypte, qui avait secoué le joug de sa domination depuis quelques années. Il emploie plus de deux ans à faire les préparatifs de cette guerre. 3627-377.

Mort d'Amyntas roi de Macédoine. Alexandre son fils aîné lui succède. Son règne ne dure qu'un an. Après lui Perdiccas monte sur le trône, et règne 14 ans. 3629-375.

Mort d'Evagore roi de Cypre. Nicoclès son fils lui succède. 3630-374.

Bataille de Leuctres où les Thébains, commandés par Pélopidas et Epaminondas, défont les Lacédémoniens. 3634-370.

Expédition de Pélopidas contre Alexandre, tyran

de Phères. Il passe en Macédoine pour terminer les différens qui étaient entre Perdiccas et Ptolémée fils d'Amyntas sur la couronne. Il en amène Philippe à Thèbes pour otage. Il est tué dans un combat qu'il livre au tyran de Phères. 3635-369.

Bataille de Mantinée. Epaminondas y périt après avoir assuré la victoire aux Thébains qu'il commandait. 3641-363.

Les Lacédémoniens envoient Agésilas au secours de Tachos roi d'Egypte contre Artaxerxe. Il ôte la couronne à Tachos, et établit à sa place Nectanébus. Il meurt en revenant de cette expédition. 4642-362.

Mort d'Artaxerxe Mnémon. Ochus son fils lui succède.

Philippe monte sur le trône de Macédoine. Il fait une paix captieuse avec les Athéniens. 3644-360.

Ici commence l'histoire de Cappadoce, je donnerai la chronologie des rois qui y ont régué après celle des successeurs d'Alexandre. J'y joindrai celle des Parthes, et des rois de Pont.

Guerre des alliés contre les Athéniens. Elle dure trois ans. 3646-358.

Philippe assiège et prend Amphipolis.

Révolte d'Artabaze contre Ochus roi de Perse.

Naissance d'Alexandre-le-Grand

Démosthène paraît pour la première fois en public, et rassure les Athéniens alarmés par les préparatifs de guerre que faisait le roi de Perse. 3649-355.

Commencement de la guerre sacrée.

Mort de Mausole roi de Carie. 3650-354.

PERSES ET GRECS.

Philippe se rend maître de la ville de Méthone. 3651-353.

Artémise, veuve de Mausole à qui elle avait succédé, se rend maîtresse de Rhodes. 3652-352.

Philippe tente inutilement de s'emparer des Thermopyles. 3652-352.

Expédition heureuse d'Ochus contre la Phénicie, contre Cypre, et ensuite contre l'Egypte. 3653-351.

Nectanébus, le dernier roi qu'ait eu l'Egypte de race égyptienne, est obligé de s'enfuir en Éthiopie d'où il ne revint jamais. 3654-350.

Mort de Platon.

Philippe se rend maître d'Olynthe.

Philippe prend part à la guerre sacrée, en se déclarant pour les Thébains contre les Phocéens. 3657-347.

Philippe s'empare des Thermopyles et de la Phocide. Il se fait mettre au nombre des amphictyons. 3658-346.

Harangue de Démosthène sur la Chersonèse en faveur de Diopithe. 3662-342.

Les Athéniens envoient du secours sous la conduite de Phocion, aux villes de Perinthe et de Byzance assiégées par Philippe. Ce prince est obligé d'en lever le siège. 3665-339.

Philippe est déclaré généralissime des Grecs dans le conseil des amphictyons. Il se rend maître d'Elatée. 3666-338.

Bataille de Chéronée, où Philippe défait les Athéniens et les Thébains qui s'étaient ligués contre lui.

Ochus roi de Perse est empoisonné par Bagoas son favori. Arsès son fils lui succède. Il ne règne que trois ans.

Philippe se fait déclarer général des Grecs contre

PERSES ET GRECS.

les Perses. La même année il répudie Olympias sa femme. Alexandre son fils la conduit en Épire d'où il passe en Illyrie. 3667-337.

Mort de Philippe. Alexandre son fils, âgé pour lors de 20 ans, lui succède. 3668-336.

Arsès roi de Perse est assassiné par Bagoas. Darius-Codoman lui succède.

Prise et destruction de Thèbes par Alexandre. Il se fait déclarer généralissime des Grecs contre les Perses dans une diète convoquée à Corinthe. 3669-335.

Départ d'Alexandre pour la Perse. 3670-334.

Bataille du Granique, suivie de la conquête de presque toute l'Asie mineure.

Alexandre est attaqué à Tarse d'une maladie dangereuse pour s'être baigné dans le Cydne. Il en guérit en peu de jours. 3671-333.

Bataille d'Issus.

Alexandre se rend maître de Tyr après un siège de 7 mois. 3672-332.

Apelle, l'un des plus fameux peintres de l'antiquité. Aristide et Protogène étaient ses contemporains.

Voyage d'Alexandre à Jérusalem. Il se rend maître de Gaza et bientôt après de toute l'Egypte. Ce fut après cette conquête qu'il alla au temple de Jupiter-Ammon, et, à son retour, il fit bâtir la ville d'Alexandrie.

Bataille d'Arbelles. Elle est suivie de la prise des villes d'Arbelles, de Babylone, de Suse et de Persépolis. 3673-331.

Darius est arrêté et chargé de chaînes par Bessus, et bientôt après assassiné. Sa mort met fin à l'empire des Perses qui avait duré 206 ans, à compter depuis le commencement du grand Cyrus. 3674-330.

PERSES ET GRECS.

Les Lacédémoniens se révoltent contre les Macédoniens. Antipater les défait dans une bataille où Agis leur roi est tué.

Thalestris reine des Amazones vient voir Alexandre à Zadracarte.

Philotas et Parménion son père, soupçonnés d'avoir eu part à une conspiration contre Alexandre, sont mis à mort.

Bessus est livré à Alexandre, et peu de temps après renvoyé à Ecbatane pour y être fait mourir. 3675-329.

Alexandre, après avoir soumis les Sogdiens et les Bactriens, bâtit une ville sur l'Iaxarte à laquelle il donne son nom.

Ambassade des Scythes vers Alexandre, suivie d'une victoire que ce prince remporte sur ses peuples. 3675-329.

Lysippe de Sicyone, célèbre sculpteur, fleurissait à peu près vers ce temps-ci.

Alexandre se rend maître du rocher d'Oxus. 3676-328.

Clitus est tué par Alexandre dans un repas à Maracande. La mort de Callisthène arriva bientôt après.

Alexandre épouse Roxane fille d'Oxyarte.

Entrée d'Alexandre dans les Indes. Il remporte une victoire célèbre sur Porus au passage de l'Hydaspe. 3677-327.

Alexandre sur les remontrances de son armée se détermine à revenir sur ses pas. 3678-326.

Prise de la ville des Oxydraques. Alexandre y court un risque extrême de perdre la vie.

Mariage d'Alexandre avec Statira fille aînée de Darius. 3679-325.

Révolte d'Harpalus qu'Alexandre avait établi gouverneur de Babylone.

Démosthène est exilé pour avoir reçu des présens, et s'être laissé corrompre par Harpalus.

Mort d'Ephestion à Ecbatane. 3680-324.

Ménandre chef et auteur de la nouvelle comédie, vivait vers ce temps-ci.

Alexandre de retour à Babylone y meurt âgé de trente-deux ans et huit mois. Aridée frère naturel de ce prince est reconnu pour roi à sa place. La régence du royaume est donnée à Perdiccas. 3681-323.

Les généraux partagent entre eux les provinces. C'est de ce partage qu'on commence à compter les années de l'empire des Lagides en Egypte.

Les Athéniens se révoltent, et engagent les peuples de la Grèce à se liguer avec eux. Démosthène est rappelé de son exil.

Antipater assiégé dans Lamia par les Athéniens est forcé de se rendre par capitulation. Bientôt après il s'empare d'Athènes, et y établit garnison. 3682-322.

Mort de Démosthène.

Convoi d'Alexandre. 3683-321.

Perdiccas met Eumène en possession de la Cappadoce.

Ligue de Ptolémée, de Cratère, d'Antipater et d'Antigone contre Perdiccas et Eumène.

Mort de Cratère.

Fin malheureuse de Perdiccas en Egypte. Antipater lui succède dans la régence de l'empire.

Eumène battu par Antigone se renferme dans le château de Nora, où il soutient un siège d'un an. 3684-320.

Ptolémée se rend maître de Jérusalem.

Mort d'Antipater. Polyspercon lui succède. 3685-319.

Condamnation et mort de Phocion à Athènes.

Cassandre fils d'Antipater s'empare d'Athènes. Il y établit Démétrius de Phalère pour gouverner la république.

Olympias mère d'Alexandre fait mourir Aridée et Eurydice, sa femme. Elle est elle-même mise à mort peu de temps après par ordre de Cassandre.

Eumène est livré par ses propres soldats à Antigone et mis à mort. 3689-315.

Antigone se rend maître de Tyr après un siège de 15 mois. Démétrius son fils surnommé Poliorcète commence à paraître. 3691-313.

Zénon établit à Athènes la secte des stoïciens. 3692-312.

Séleucus se rend maître de Babylone et des provinces voisines. 3693-311.

C'est à cette expédition de Séleucus contre Babylone que commence l'ère fameuse des Séleucides, appelée par les Juifs l'ère des contrats.

Ptolémée se retire en Egypte, et emmène avec lui un grand nombre des habitans de la Phénicie et de la Judée.

Cassandre fait mourir Roxane avec son fils Alexandre.

Polysperchon fait mourir Hercule fils d'Alexandre avec sa mère Bérénice. 3695-309.

Ophellas gouverneur de la Libye se révolte contre Ptolémée. 3696-308.

Démétrius Poliorcète se rend maître d'Athènes, et y rétablit le gouvernement démocratique. Il se rend maître aussi dans la même année de Salamine et de toute l'île de Cypre. 3698-306.

Démétrius de Phalère qui commandait à Athènes se retire à Thèbes. Les Athéniens renversent ses statues et le condamnent à mort.

Antigone et son fils Démétrius prennent le titre de

roi. Les autres princes en font autant à leur exemple. 3698-306.

Antigone, pour profiter de la victoire que son fils avait remportée en Cypre, entreprend d'enlever l'Egypte à Ptolémée. Cette expédition ne lui réussit pas. 3699-305.

Ptolémée l'astronome fixe le commencement du règne de Ptolémée roi d'Egypte au 7 novembre de cette année.

Démétrius Poliorcète forme le siège de Rhodes. Il est forcé de le lever un an après. 3700-304.

Protogène peintre célèbre était dans la ville pendant que Démétrius l'assiégeait.

Les Rhodiens emploient le prix des machines que Démétrius avait fait servir au siège de leur ville et dont il leur avait fait présent, à faire ce colosse fameux connu sous le nom de colosse de Rhodes. 3701-303.

Démétrius Poliorcète est déclaré chef de tous les Grecs par les Etats de la Grèce, assemblés dans l'isthme.

Ptolémée, Séleucus, Cassandre et Lysimaque se liguent contre Antigone et Démétrius son fils. 3702-302.

Bataille d'Ipsus où Antigone est défait. Elle est suivie du partage de l'empire d'Alexandre entre les quatre princes ligués. 3703-301.

Arcésilas chef de la moyenne académie.

Il y a tant de liaison entre les événemens qui arrivèrent dans les quatre empires formés de celui d'Alexandre, qu'il n'est pas possible de les séparer. C'est pourquoi je les rangerai tous dans une seule colonne, conformément au plan que j'ai suivi en

les traitant dans le corps de mon histoire. Je vais auparavant donner une table qui ne contiendra que les rois qui ont régné dans chacun de ces empires.

ÉGYPTE.	SYRIE.	MACÉD.	THRACE et BITHYN.
Ptolémée Soter [1].	Séleucus Nicator.	Cassandre.	Lysimaque.
		Philippe et Alexandre enfans de Cassandre se disputent le royaume, et en jouissent à peu près l'espace de trois ans [2]. Démétrius Poliorcète [3]. Pyrrhus et Lysimaque [4].	
Ptolémée Philadelphe [5].			
	Séleucus Nicator, très peu de temps.		Lysimaque est tué dans un combat. Après sa mort ses États sont démembrés et cessent de composer un seul royaume [6].

[1] 3704-300. [2] 3707-297. [3] 3710-294. [4] 3717-287. [5] 3719-285. [6] 3723-281.

ÉGYPTE.	SYRIE.	MACÉD.
	Antiochus Soter.	Ptolémée Céraunus. Son frère Méléagre régna quelque temps après lui [1].
		Sosthène [2].
		Antigone Gonatas [3].
	Antiochus Theus [4].	
Ptolémée Evergète [5].	Séleucus Callinicus.	
		Démétrius fils d'Antigone Gonatas [6].
		Antigone Doson [7].
	Séleucus Céraunus [8].	
	Antiochus-le-Grand [9].	
Ptolémée Philopator [10].		
		Philippe [11].
Ptolémée Épiphane [12].		
	Séleucus Philopator [13].	
Ptolémée Philométor [14].		

[1] 3724-280. [2] 3726-278. [3] 3728-276. [4] 3743-261. [5] 3758-246. [6] 3762-242. [7] 3772-232. [8] 3778-226. [9] 3781-223. [10] 3783-221. [11] 3784-220. [12] 3800-204. [13] 3817-187. [14] 3824-180.

ÉGYPTE.	SYRIE.	MACÉD.
		Persée dernier roi de Macédoine [1].
	Antiochus Epiphane [2].	
	Antiochus Eupator [3].	
	Démétrius Soter [4].	
	Alexandre Bala [5].	
Ptolémée Physcon.	Démétrius Nicator [6].	
	Antiochus Théos fils de Bala s'empare d'une partie de la Syrie. Tryphon en fait autant peu de temps après [7].	
	Antiochus Sydète fait mourir Tryphon et règne à sa place [8].	
	Zébina succède à Démétrius Nicator [9].	
	Séleucus fils de Nicator [10].	
	Antiochus Grypus.	

[1] 3825-179. [2] 3829-175. [3] 3840-164. [4] 3842-162.
[5] 3854-150. [6] 3859-145. [7] 3860-144. [8] 3864-140.
[9] 3877-127. [10] 3880-124.

ÉGYPTE.   SYRIE.

Ptolémée Lathyre [1].

Antiochus le Cyzicénien partage le royaume avec Grypus [2].

Alexandre 1, frère de Lathyre [3].

Séleucus fils de Grypus [4].
Antiochus Eusèbe [5].
Antiochus, second fils de Grypus [6].
Philippe troisième fils de Grypus [7].
Démétrius Euchère quatrième fils de Grypus [8].
Antiochus Dionysus cinquième fils de Grypus [9].
Les quatre derniers rois qui viennent d'être nommés régnèrent successivement avec Eusèbe.
Tigrane pendant quatorze ans [10].

Alexandre II, fils d'Alexandre I [11].

Antiochus l'Asiatique [12].

Ptolémée Aulète [13].

ÉGYPTE.

Bérénice l'aînée des filles d'Aulète règne pendant quelque temps à la place de son père, après lequel ce prince est rétabli [14].

[1] 3887–117. [2] 3890–114. [3] 3897–107. [4] 3907–97. [5] 3911–93. [6] 3912–92. [7] 3913–91. [8] 3914–90. [9] 3919–85. [10] 3921–83. [11] 3923–81. [12] 3935–69. [13] 3939–65. [14] 3946–58.

ÉGYPTE.

Cléopâtre règne d'abord avec son frère aîné, ensuite avec Ptolémée son jeune frère, et enfin seule 3953-51.

SUCCESSEURS D'ALEXANDRE.

Séleucus roi de Syrie fait bâtir Antioche. 3704-300.

Athènes refuse de recevoir Démétrius Poliorcète.

Mort de Cassandre, roi de Macédoine. Philippe son fils lui succède. Son règne ne dure pas un an. Il a pour successeur Alexandre son frère. A peu près vers ce temps-ci Pyrrhus, roi d'Epire, épousa Antigone de la maison de Ptolémée, et rentra dans ses Etats, dont il avait été chassé par les Molosses. 3707-297.

Démétrius Poliorcète reprend Athènes. Presque dans le même temps Lysimaque et Ptolémée lui enlèvent tout ce qu'il possédait. 3709-295.

Démétrius fait mourir Alexandre, roi de Macédoine, qui l'avait appelé à son secours, et s'empare de ses Etats où il règne pendant 7 ans. 3710-294.

Fondation de la ville de Séleucie par Séleucus. 3711-293.

Pyrrhus et Lysimaque enlèvent la Macédoine à Démétrius. Celui-ci finit sa vie misérablement l'année suivante dans une prison. 3717-287.

Ptolémée Soter, roi d'Egypte, cède l'empire à son fils Ptolémée Philadelphe. 3719-285.

Fondation du royaume de Pergame par Philétère.

Démétrius de Phalère enfermé dans un fort par ordre de Philadelphe s'y donne la mort. 3721-283.

Séleucus Nicator, roi de Syrie, déclare la guerre à Lysimaque, roi de Macédoine. 3722-282.

Lysimaque est tué dans une bataille qui se donne en Phrygie. Séleucus va en Macédoine pour prendre

possession du royaume. Il y est assassiné par Céraunus. Antiochus Soter, son fils, lui succède dans le royaume de Syrie. 3723-281.

Céraunus, pour s'assurer le royaume de Macédoine, fait mourir les deux enfans qu'Arsinoé avait eus de Séleucus, et la relègue elle-même dans la Samothrace. 3724-280.

La république des Achéens reprend son ancienne forme qu'elle avait perdue sous Philippe et sous Alexandre.

Pyrrhus, roi d'Epire, appelé par les Tarentins, passe en Italie pour faire la guerre aux Romains. Il donne un premier combat auprès d'Héraclée où il a tout l'avantage. Il l'eut encore dans un second qui se donna l'année suivante.

Irruption des Gaulois dans la Macédoine. Céraunus leur livre un combat dans lequel il périt. Méléagre, son frère, lui succède. 3725-279.

Pyrrhus abandonne l'Italie, et passe dans la Sicile, dont il fait la conquête. 3726-278.

Sosthène chasse les Gaulois de la Macédoine. Il en est établi roi. Son règne dure deux ans.

Tentative des Gaulois contre le temple de Delphes.

Ptolémée Philadelphe, roi d'Egypte, fait traduire en grec les livres saints. 3727-277.

Mort de Sosthène. Antigone Gonatas, fils de Poliorcète, qui régnait depuis dix ans en Grèce, s'établit roi de Macédoine à sa place. La possession lui en est contestée par Antiochus, roi de Syrie. Leur différent se termine par le mariage d'Antigone avec Phila, fille de Stratonice et de Séleucus. 3728-275.

Antiochus défait les Gaulois dans une bataille sanglante qu'il leur livre, et délivre le pays de leur

SUCCESSEURS D'ALEXANDRE.

oppression. Cette victoire lui mérite le titre de Soter. 3729-275.

Pyrrhus retourne en Italie, et y est vaincu par les Romains. Il passe en Macédoine où il attaque et défait Antigone. 3730-274.

Ptolémée Philadelphe, touché de la réputation des Romains, leur envoie une ambassade pour leur demander leur amitié.

Pyrrhus entreprend le siège de Lacédémone, il ne peut s'en rendre maître. Il est tué au siège d'Argos l'année d'ensuite. 3732-272.

Antigone Gonatas se rend maître d'Athènes qui s'était liguée avec les Lacédémoniens contre lui. 3736-268.

Abantidas s'établit tyran de Sicyone après avoir fait mourir Clinias, qui en avait le gouvernement. 3739-265.

Magas gouverneur de la Cyrénaïque et de la Libye, se révolte contre Ptolémée Philadelphe.

Mort de Philétère, roi et fondateur de Pergame. Eumène son neveu lui succède. 3741-263.

Antiochus Soter, roi de Syrie, fait proclamer roi son fils Antiochus. Sa mort arrive peu de temps après. 3743-261.

Bérose, historien de Babylone, vivait vers ce temps-ci.

Accommodement entre Magas et Ptolémée Philadelphe. 3748-256.

Guerre entre Antiochus, roi de Syrie, et Ptolémée Philadelphe. 3749-255.

Aratus fils de Clinias délivre Sicyone de la tyrannie, et l'unit à la ligue des Achéens. Il est fait général des Achéens. 3752-252.

Arsace se révolte contre Agathocle, gouverneur pour Antiochus du pays des Parthes. Cette révolte

SUCCESSEURS D'ALEXANDRE.

donne lieu au commencement de l'empire des Parthes. A peu près dans le même temps Théodore, gouverneur de la Bactriane se révolte et se fait déclarer roi de cette province. 3754-250.

Traité de paix entre Antiochus et Ptolémée Philadelphe, qui met fin à la guerre. Par une des conditions de ce traité Antiochus répudie Laodice et épouse Bérénice, fille de Ptolémée. 3755-249.

Agis roi de Sparte entreprend de faire revivre les anciens établissemens de Lycurgue. Léonide son collègue est déposé pour n'avoir pas voulu y consentir. Cléombrote son gendre est mis à sa place. 3756-248.

Mort de Ptolémée Philadelphe, roi d'Egypte. Ptolémée Evergète son fils lui succède. 3757-247.

Apollone de Rhodes, auteur d'un poème sur l'expédition des Argonautes.

Antiochus surnommé Théos, roi de Syrie, est empoisonné par sa femme Laodice. Elle fait ensuite déclarer roi Séleucus Callinicus son fils. 3758-246.

Bérénice et un fils qu'elle avait eu d'Antiochus sont assassinés par Laodice.

Ptolémée Evergète, frère de Bérénice, entreprend de venger sa mort. Il se rend maître d'une grande partie de la Syrie.

Les villes de Smyrne et de Magnésie forment entre elles une ligue pour secourir le roi de Syrie contre Ptolémée Evergète. 3760-244.

Aratus se rend maître de la citadelle de Corinthe.

Léonide est rétabli à Sparte, Cléombrote envoyé en exil, et Agis mis à mort.

Mort d'Antigone Gonatas, roi de Macédoine. Démétrius son fils lui succède. 3762-242.

Séleucus roi de Syrie entre en guerre avec Antiochus Hiérax son frère. Ce dernier a l'avantage dans un combat qui se donne près d'Ancyre, en Galatie.

SUCCESSEURS D'ALEXANDRE.

Mort d'Eumène roi de Pergame. Attale son cousin-germain lui succède. 3763-241.

Théodore roi de Bactrie laisse en mourant son royaume à son fils de même nom. 3763-241.

Ératosthène le Cyrénien est fait bibliothécaire de Ptolémée Évergète. 3765-239.

Joseph neveu du grand-prêtre Onias est envoyé en ambassade auprès de Ptolémée Évergète. 3771-233.

Mort de Démétrius roi de Macédoine. Antigone tuteur de Philippe, fils de Démétrius, lui succède. 3772-232.

Polyclète de Sicyone fameux sculpteur.

Séleucus roi de Syrie est battu et fait prisonnier par Arsace roi des Parthes. 3774-230.

Cléomène roi de Sparte remporte une grande victoire contre les Achéens et contre Aratus. 3776-228.

Séleucus Callinicus roi de Syrie meurt chez les Parthes d'une chute de cheval. Séleucus Céraunus son fils aîné lui succède. 3778-226.

Antiochus Hiérax est assassiné par des voleurs en sortant de l'Egypte.

Aratus défait Aristippe tyran d'Argos. Il engage Lysiade tyran de Mégalopolis à déposer sa tyrannie, et à faire entrer sa ville dans la ligue des Achéens.

Les Romains envoient une célèbre ambassade en Grèce pour y faire part du traité qu'il venaient de conclure avec les Illyriens. Les Corinthiens déclarent par un décret public qu'ils seront admis à la célébration des jeux isthmiques. Les Athéniens leur accordent aussi le droit de bourgeoisie à Athènes. 3779-225.

Antigone roi de Macédoine est appelé par l'intrigue d'Aratus au secours des Achéens contre les Lacédémoniens.

SUCCESSEURS D'ALEXANDRE.

Cléomène roi de Sparte se rend maître de Mégalopolis. 3781-223.

Bataille de Sélasie suivie de la prise de Sparte par Antigone.

Mort de Séleucus Céraunus roi de Syrie. Antiochus surnommé le Grand, son frère, lui succède.

Le colosse de Rhodes est renversé par un grand tremblement de terre. 3782-222.

Mort de Ptolémée Evergète roi d'Egypte. Ptolémée Philopator lui succède. 3783-221.

Les Etoliens remportent une grande victoire à Caphyes sur les Achéens.

Antiochus soumet Molon et Alexandre qui s'étaient révoltés depuis deux ans, le premier dans la Médie et le second dans la Perse. 3784-220.

Mort d'Antigone roi de Macédoine. Philippe fils de Démétrius lui succède.

Cléomène roi de Sparte meurt en Egypte. Les Lacédémoniens nomment en sa place Agésipolis et Lycurgue.

Guerre des alliés en faveur des Achéens contre les Etoliens.

Hermias premier ministre d'Antiochus est mis à mort par ordre de ce prince. 3785-219.

Bataille de Raphia entre Ptolémée roi d'Egypte et Antiochus roi de Syrie. 3787-217.

Traité de paix entre Philippe roi de Macédoine et les Achéens d'une part, et les Etoliens de l'autre, qui met fin à la guerre des alliés.

Antiochus assiège dans Sardes Achéus qui s'était révolté, et après un siège de 2 ans il lui est livré par la trahison d'un Crétois. 3788-216.

Alliance d'Annibal avec Philippe roi de Macédoine.

Philippe reçoit un échec considérable de la part des Romains au siège d'Apollonie. 3789-215.

SUCCESSEURS D'ALEXANDRE.

Carnéade chef de la nouvelle académie. 3790-214.

Antiochus entreprend de réduire les provinces qui avaient secoué le joug de l'empire de Syrie, et il en vient à bout dans l'espace de 7 ans. 3792-212.

Alliance des Etoliens avec les Romains. Attale roi de Pergame y entre. Les Lacédémoniens y entrent aussi peu de temps après. 3793-211.

Combat célèbre entre Philippe roi de Macédoine et les Etoliens auprès d'Elis. Philopémen s'y distingue. 3796-208.

Bataille de Mantinée où Philopémen défait Machanidas tyran de Sparte qui y périt. Nabis est mis à sa place. 3798-206.

Traité de paix entre Philippe et les Romains. Tous les alliés de part et d'autre y sont compris. 3800-204.

On rapporte à cette année la naissance de Polybe.

Mort de Ptolémée Philopator roi d'Egypte. Ptolémée Epiphane âgé seulement alors de 5 ans lui succède.

Ligue formée entre Philippe roi de Macédoine et Antiochus roi de Syrie contre le jeune roi d'Egypte. 3801-203.

Philippe roi de Macédoine est battu par les Rhodiens dans un combat naval qui se donne à la hauteur de l'île de Chio. Il paraît que c'est à l'année suivante qu'on doit rapporter le traitement cruel que ce prince fit souffrir aux Cianiens. 3802-202.

Philippe assiège et prend Abyde. 3803-201.

Les Romains déclarent la guerre à Philippe. P. Sulpitius en est chargé. Il gagne une victoire considérable auprès du bourg d'Octolophe en Macédoine. 3804-200.

Villicus succède à Sulpitius dans la conduite de la

guerre contre Philippe. L'année suivante Flamininus est envoyé à la place de Villicus. 3805-199.

Antiochus roi de Syrie soumet la Palestine et la Célésyrie. 3806-198.

Les Achéens se déclarent pour les Romains contre Philippe.

Entrevue de Philippe et du consul Flamininus. 3807-197.

Nabis roi de Sparte prend parti pour les Romains. Les Béotiens en font autant.

Mort d'Attale roi de Pergame. Eumène lui succède.

Bataille de Cynoscéphale où les Romains remportent une victoire complète sur Philippe.

Traité de paix entre Philippe et les Romains, qui met fin à la guerre. 3808-196.

Ambassade des Romains vers Antiochus le Grand, pour s'assurer si les plaintes qu'on avait portées contre lui étaient fondées.

Conspiration de Scopas Etolien contre Ptolémée Epiphane découverte et punie.

Flamininus fait la guerre à Nabis tyran de Sparte. 3809-195.

Philopémen remporte un avantage considérable sur Nabis auprès de Sparte. 3813-191.

Les Etoliens forment la résolution de s'emparer par ruse et par trahison de Démétriade, Chalcis et Lacédémone.

Nabis est tué. Philopémen fait entrer Lacédémone dans la ligue des Achéens. 3813-191.

Antiochus passe en Grèce pour porter du secours aux Etoliens. Les Romains lui déclarent la guerre, et bientôt après le battent auprès des Thermopyles.

Bataille de Magnésie suivie d'un traité de paix

SUCCESSEURS D'ALEXANDRE.

qui met fin à la guerre entre les Romains et Antiochus qui durait environ depuis 2 ans. 3814-190.

Ce fut à peu près vers ce temps-ci que naquit le
philosophe Panétius.

Le consul Fulvius force les Etoliens à se soumettre aux Romains. Manlius son collègue soumet presque dans le même temps les Gaulois d'Asie. 3815-189.

C'est à cette année qu'on doit rapporter le traitement cruel que les bannis de Sparte soutenus par
Philopémen exercèrent contre les Spartiates.

Antiochus-le-Grand, roi de Syrie, est tué dans
le temple de Jupiter-Bélus, dans lequel il était entré pour le piller. Séleucus Philopator lui succède.
3817-187.

Philopémen est pris devant Messène par Dinocrate, et mis à mort. 3821-183.

Démétrius fils de Philippe roi de Macédoine, in-
justement accusé par son frère Persée, est mis à
mort par ordre de son père. 3823-181.

Mort de Ptolémée Epiphane roi d'Egypte. Ptolémée Philométor lui succède. 3824-180.

Mort de Philippe roi de Macédoine. Persée son
fils lui succède. 3825-179.

Séleucus Philopator roi de Syrie est empoisonné
par Héliodore qu'il avait envoyé peu auparavant à
Jérusalem pour s'en rendre maître. Il a pour successeur Antiochus Epiphane. 3829-175.

Antiochus Epiphane fait déposer Onias grand-
prêtre de Jérusalem, et met Jason à sa place. 3830-
174.

Guerre entre Antiochus et Ptolémée Philométor.
3833-171.

Les Romains déclarent la guerre à Persée. Ce prince a quelque avantage dans un premier combat qui
se donne auprès du fleuve Pénée.

Antiochus Epiphane se rend maître de toute l'E-gypte. Il marche ensuite vers Jérusalem, et y exerce des cruautés inouies. 3834-170.

Les Alexandrins, à la place de Philométor qui était tombé entre les mains d'Antiochus, font roi Ptolémée Evergète son frère cadet. 3835-169.

La même année Philométor est relâché et s'unit avec son frère. Cette réunion engage Antiochus à recommencer la guerre.

Paul-Emile est chargé de la guerre de Macédoine contre Persée. Il remporte sur ce prince une célèbre victoire auprès de Pydna, qui met fin au royaume de Macédoine. Ce ne fut pourtant que 20 ans après qu'il fut réduit en province romaine. 3836-168.

Le préteur Anicius soumet l'Illyrie en 30 jours.

Popilius un des ambassadeurs que les Romains avaient envoyés en Egypte, oblige Antiochus d'en sortir et de s'accommoder avec ses deux frères.

Antiochus, outré de ce qui lui était arrivé en Egypte, tourne sa colère contre les Juifs, et envoie Apollonius à Jérusalem.

La même année il donne une ordonnance pour obliger tous les peuples d'abandonner leur religion afin de se conformer à la sienne. Cette loi est la source d'une cruelle persécution chez les Juifs.

Antiochus va en personne à Jérusalem pour y faire exécuter ses ordres. C'est alors qu'arriva le martyre des Machabées et la mort d'Eléazar. 3837-167.

Paul-Emile abandonne au pillage les villes d'E-pire pour avoir pris le parti de Persée. Les Achéens soupçonnés de l'avoir favorisé, vont à Rome pour rendre compte de leur conduite. Le sénat les relè-gue dans différentes bourgades de l'Italie, d'où ils ne reviennent qu'après 17 ans. Polybe était de ceux qui allèrent à Rome.

SUCCESSEURS D'ALEXANDRE.

Prusias roi de Bithynie va à Rome. Eumène roi de Pergame ne peut obtenir d'y entrer. 3838-166.

Mort de Mathathias. Judas son fils lui succède, et remporte plusieurs victoires sur les généraux d'Antiochus.

Antiochus Epiphane est repoussé de devant Elymaïde dont il se proposait de piller le temple. Il marche vers la Judée dans le dessein d'exterminer tous les Juifs. La main de Dieu le frappe en chemin, et il meurt au milieu des plus cruelles douleurs. Antiochus Eupator son fils lui succède. 3840-164.

Antiochus Eupator marche contre Jérusalem. Peu de temps après il est obligé de repasser en Syrie, pour en chasser Philippe d'Antioche qui s'était rendu maître de sa capitale. 3841-163.

Brouilleries entre Philométor roi d'Égypte et Physcon son frère, qui ne se terminent qu'au bout de 5 ans. 3842-162.

Octavius ambassadeur pour les Romains en Syrie y est assassiné.

Démétrius Soter fils de Séleucus Philopator s'échappe de Rome où il était retenu, se rend en Syrie où il fait mourir Antiochus Eupator, et s'empare du trône.

Mort de Judas Machabée. 3843-161.

Démétrius est reconnu par les Romains pour roi de Syrie. 3844-160.

Mort d'Eumène roi de Pergame. Attale Philométor lui succède. 3845-159.

Guerre entre Attale et Prusias. 3848-156.

Alexandre Bala se donne pour le fils d'Antiochus Epiphane, et veut en cette qualité se faire reconnaître roi de Syrie. 3851-153.

Andriscus d'Adramyrte prend la qualité de fils de Persée, et entreprend de se faire déclarer roi de

Macédoine. Il est vaincu, pris, et envoyé à Rome par Métellus. 3852-152.

Démétrius Soter est tué dans une bataille qui se donne entre lui et Alexandre Bala. Sa mort laisse ce dernier maître de l'empire de Syrie. 3854-150.

La Macédoine est réduite en province de l'empire romain. 3856-148.

Troubles dans l'Achaïe, entretenus par Diæus et Critolaüs. Les commissaires que les Romains y envoient sont maltraités. 3857-147.

Métellus passe dans l'Achaïe, et y remporte divers avantages sur les Achéens. Mummius lui succède, et après une grande bataille auprès de Leucopetra il se rend maître de Corinthe et la ruine entièrement.

La Grèce est réduite en province romaine sous le nom de province d'Achaïe.

La suite de l'histoire des rois de Syrie est fort embrouillée. C'est pourquoi je la séparerai de celle des Egyptiens pour en achever la chronologie.

SYRIE.	ÉGYPTE.
Démétrius Nicator, fils de Démétrius Soter, défait Alexandre Bala, et monte sur le trône [1].	Mort de Ptolémée Philométor. Ptolémée Physcon son frère lui succède.
Antiochus surnommé Théos fils de Bala soutenu par Tryphon se rend maître d'une partie du royaume [2].	

[1] 3859-145 [2] 3860-144.

SYRIE.

Tryphon se rend maître de Jonathas, et le fait mourir à Ptolémaïde. L'année suivante il fait mourir son pupille Antiochus, et s'empare du royaume de Syrie. 3860-144.

Démétrius marche contre les Parthes. Après quelques légers avantages, il est fait prisonnier. 3863-141.

Antiochus Sidète, le second des enfans de Démétrius Soter, épouse Cléopâtre, femme de son frère Démétrius Nicator; et après avoir fait mourir Tryphon, il est lui-même déclaré roi. 3364-140.

Antiochus Sidète assiège Jean Hyrcan dans Jérusalem, et reçoit la ville à capitulation. 3869-135.

Antiochus marche contre les Parthes, et remporte sur eux plusieurs avantages. Ils renvoyèrent Démétrius l'année suivante. 3873-131.

Démétrius Nicator règne de nouveau en Syrie 3874-130.

Démétrius est tué par Alexandre Zébina, qui prend sa place et se fait reconnaître roi de Syrie. 3877-127.

ÉGYPTE.

Mort d'Attale, roi de Pergame Attale, son neveu, surnommé Philométor, lui succède. Il règne pendant 5 ans. 3866-138.

Les cruautés que Physcon exerce à Alexandrie obligent la plupart des habitans de sortir de la ville. 3868-136.

Attale Philométor, roi de Pergame, fait en mourant le peuple romain héritier de ses États. Andronic s'en saisit. 3871-133.

Le consul Perpenna défait Andronic, et l'envoie à Rome. Le royaume de Pergame fut réduit l'année suivante en province romaine par Manius Aquilius.

Physcon chasse Cléopâtre, sa première femme, et épouse sa fille du même nom. Bientôt après il est obligé de s'enfuir, et les Alexandrins donnent le gouvernement à Cléopâtre qu'il avait répudiée. 3874-130.

Physcon remonte sur le trône d'Egypte. 3877-127.

SYRIE.

Seleucus V, fils aîné de Démétrius Nicator, est déclaré roi, et bientôt après tué par Cléopâtre. Antiochus Grypus lui succède. 3880-124.

Zébina est vaincu par Grypus, et meurt peu de temps après. 3882-122.

Cléopâtre veut empoisonner Grypus, et est elle-même empoisonnée. 3884-120.

Antiochus le Cyzicénien, fils de Cléopâtre et d'Antiochus Sidète prend les armes contre Grypus. Il a d'abord du dessous; mais deux ans après, il mit son frère dans la nécessité de partager avec lui le royaume de Syrie. 3890-114.

Mort de Grypus. Seleucus, son fils, lui succède. 3907-97.

Antiochus le Cyzicénien est vaincu et mis à mort. 3910-94.

Séleucus est défait par Eusèbe et brûlé dans Mopsuestie. 3911-93.

Antiochus Eusèbe, fils du Cyzicénien, se fait déclarer roi. Il épouse Sélène veuve de Grypus.

e

Physcon donne sa fille en mariage à Grypus roi de Syrie. 3882-122.

Mort de Physcon. Ptolémée Lathyre lui succède. Cléopâtre, sa mère, l'oblige à répudier Cléopâtre sa sœur aînée, et à épouser Sélène, sa cadette. 3887-117.

Cléopâtre, reine d'Égypte, donne le royaume de Cypre à Alexandre son fils cadet. 3891-113.

Cléopâtre chasse Lathyre d'Egypte, et lui substitue Lathyre son frère. 3897-107.

Victoire signalée de Lathyre sur Alexandre roi des Juifs. La bataille se donne sur les bords du Jourdain. 3900-104.

Cléopâtre force Lathyre à lever le siège de devant Ptolémaïde, et se rend elle-même maîtresse de cette ville. 3901-103.

Cléopâtre ôte sa fille Sélène à Lathyre, et la fait épouser à Antiochus le Cyzicénien. 3903-101.

Antiochus, frère de Séleucus et second fils de Grypus, prend le diadème. Il est défait presque aussitôt
après par Eusèbe, et se noie dans l'Oronte. 3912-92.

Philippe son frère, troisième fils de Grypus, lui
succède. 3913-91.

Démétrius Euchère, quatrième fils de Grypus, est
établi roi à Damas par le secours de Lathyre. 3914-90.

Eusèbe vaincu par Philippe et Démétrius se retire
chez les Parthes, qui le rétablirent sur le trône deux
ans après. 3916-88.

Démétrius ayant été pris par les Parthes, Antiochus Dionysus cinquième fils de Grypus, est établi
sur le trône de Damas, et est tué l'année suivante.
3919-85.

Les Syriens fatigués de tant de changemens choisissent pour roi Tigrane roi d'Arménie. Il règne 19
ans par un vice-roi. 3921-83.

Eusèbe se réfugie en Cilicie où il demeure ca-
ché.

Tigrane rappelle Magdale qu'il avait établi vice-
roi de Syrie.

Antiochus l'Asiatique prend possession de quelques endroits de la Syrie, et y règne pendant 4 ans.
3935-69.

Pompée dépouille Antiochus l'Asiatique de ses
Etats, et réduit la Syrie en province romaine, 3939-65.

Alexandre tue sa mère Cléopâtre. 3915-89.

Alexandre est chassé et meurt peu de temps après. Lathyre est rappelé. 3916-88.

Lathyre ruine Thèbes d'Égypte où s'étaient réfugiés des rebelles qu'il avait défaits auparavant dans un grand combat. 3922-82.

Mort de Lathyre. Alexandre II, fils d'Alexandre I, protégé par Sylla, est nommé roi. 3923-81.

Mort de Nicomède roi de Bithynie. Son royaume est réduit en province romaine. La Cyrénaïque le devient aussi la même année. 3928-76.

Alexandre est chassé de l'Égypte. Ptolémée Aulète bâtard de Lathyre est mis à sa place. 3939-65.

ÉGYPTE.

Les Romains déposent Ptolémée roi de Cypre et s'emparent de l'île. Caton est chargé de cette expédition. 3946-58.

Ptolémée Aulète est obligé de s'enfuir de l'Egypte. On déclare reine à sa place l'aînée de ses trois filles nommée Bérénice.

Gabinius et Antoine rétablissent Aulète dans la possession entière de ses États. 3949-55.

Mort de Ptolémée Aulète. Il donne en mourant ses Etats à l'aînée de ses filles qui était la fameuse Cléopâtre. 3953 51.

Pothin et Achillas tuteurs du jeune roi ôtent à Cléopâtre la part qu'elle avait dans le gouvernement, et la chassent de l'Egypte. 3956-48.

Mort du roi d'Egypte. César met sur le trône Cléopâtre avec Ptolémée son jeune frère. 3957-47.

Cléopâtre empoisonne son frère lorsqu'elle le voit arrivé à l'âge où les lois lui permettaient de prendre part à l'autorité souveraine. Elle se déclare ensuite pour les triumvirs romains. 3961-43.

Cléopâtre va trouver Antoine à Tarse en Cilicie. Elle se rend maîtresse de son esprit, et l'amène avec elle à Alexandrie. 3963-41.

Antoine se rend maître de l'Arménie. Il en présente le roi à Cléopâtre. Couronnement de Cléopâtre et de tous ses enfans. 3971-33.

Rupture entre César et Antoine. Cléopâtre accompagne ce dernier qui répudie Octavie à Athènes.

Cléopâtre prend la fuite à la bataille d'Actium. Elle est suivie par Antoine qui abandonne ainsi la victoire à César. 3973-31.

Antoine meurt entre les bras de Cléopâtre. 3974-30.

César se rend maître d'Alexandrie. Cléopâtre se donne la mort. L'Egypte est réduite en province romaine.

LE PONT.

Le royaume de Pont fut fondé par Darius fils d'Hystaspe en l'an 3490. Artabaze en fut le premier roi. Ceux qui y régnèrent depuis jusqu'à Mithridate I sont peu connus. 3490-514.

Mithridate I. On le regarde communément comme le fondateur du royaume de Pont. 3600-404.

Ariobarzane. Son règne dure 26 ans. 3638-366.

CAPPADOCE.	LE PONT.
Ariarathe I fut le premier roi de Cappadoce. Il régna conjointement avec son frère Holopherne. 3644-360.	
	Mithridate II. Il règne 35 ans. 3667-337.
Ariarathe II, fils du premier. Il fut dépouillé de ses Etats par Perdiccas, qui mit à sa place Eumène. 3668-336.	
Ariarathe III monte sur le trône de Cappadoce après la mort de Perdiccas et d'Eumène. 3689-315.	
	Mithridate III, 36 ans. Le règne des trois rois qui lui succédèrent dura environ 100 ans. Le dernier de ces trois fut Mithridate IV, bisaïeul de Mithridate-le-Grand. 3702-302.
Ariamnès. 3720-284.	

CAPPADOCE.	LES PARTHES.
Ariarathe IV.	
	Arsace I, fondateur du royaume des Parthes. 3754-250.
	Arsace II, frère du premier.
	Priapatius.
	Phraate I.
Ariarathé V. 3814-190.	
	Mithridate I. 3840-164.
Ariarathe VI surnommé Philopator. 3842-162.	
Ariarathe VII. 3875-129.	Phraate II. 3873-131. Artabane. Après un règne très court, il a pour successeur Mithridate II qui régna pendant 40 ans.
Ariarathe VIII. Mithridate roi de Pont le fit mourir, et établit son fils à sa place. Peu de temps après Ariarathe IX, enleva la Cappadoce au fils de Mithridate qui y fut rétabli presque aussitôt après par son père. 3913-91. Sylla passe en Cappadoce, en chasse le fils de Mithridate, et y établit Ariobarzane I. 3914-90. Tigrane roi d'Arménie chasse de la Cappadoce Ariobarzane et y rétablit le fils de Mithridate. 3915-89.	Mnascbirès et après lui Sinatrocès. Le règne de ces deux princes dure environ 20 ans.

Pharnace fils de Mithridate IV. 3819-285.

Mithridate V surnommé Evergète.

Mithridate VI surnommé le Grand. 3881-123.
Mithridate s'empare de la Cappadoce, et y fait
régner son fils. 3913-91.

Commencement de la première guerre de Mithridate contre les Romains. 3915-89.

Mithridate fait égorger dans un même jour tous les
Romains qui se trouvent dans l'Asie-Mineure. 3916-88.

XVIII.   4.

CAPPADOCE.   LES PARTHES.

Sylla oblige Mithridate à restituer la Cappadoce à Ariobarzane. Tigrane la lui enlève encore une fois. Après la guerre de Mithridate, Pompée rétablit Ariobarzane. Son règue avec celui de son fils qui fut très court, dura jusque vers l'an 3953. 3926-71.

Phraate III qui se fait surnommer Dieu. 3935-62.

LE PONT.

Archélaüs l'un des généraux de Mithridate s'empare d'Athènes et de la plupart des autres villes de la Grèce.

Sylla est chargé de la guerre contre Mithridate. Il reprend Athènes après un long siège. 3917-87.

Victoire de Sylla sur les généraux de Mithridate auprès de Chéronée. Peu de temps après il en remporta une seconde à Orchomène. 3918-86.

Traité de paix entre Mithridate et Sylla, qui met fin à la guerre. 3920-84.

Mithridate fait mourir son fils. 3921-83.

Seconde guerre de Mithridate contre les Romains. Elle dure un peu moins de 3 ans.

Mithridate fait alliance avec Sertorius. 3928-76.

Commencement de la troisième guerre de Mithridate contre les Romains. Luculle et Cotta sont mis à la tête de l'armée romaine. 3929-75.

Cotta est battu par terre et par mer, et forcé de se renfermer dans la ville de Chalcédoine. Sylla vient l'y secourir. 3930-74.

Mithridate forme le siège de Cyzique. Luculle l'oblige de l'abandonner au bout de deux ans, le poursuit et le bat auprès du Granique. 3931-73.

Défaite de Mithridate dans les plaines de Cébires. Il se retire chez Tigrane. 3933-71.

Luculle déclare la guerre à Tigrane, et bientôt après le défait et se rend maître de Tigranocerte capitale de l'Arménie. 3934-70.

CAPPADOCE.   LES PARTHES

	Mithridate l'aîné des enfans de Phraate. 3948-56. Orode. 3950-54. Expédition malheureuse de Crassus contre les Parthes.
Ariobarzane III. Cassius le fit mourir. 3953-52. Ariarathe X. 3962-42.	
	Ventidius général des Romains remporte sur les Parthes une victoire qui répare l'affront que sa nation avait souffert à la bataille de Carres.
Marc — Antoine chasse Ariarathe de la Cappadoce, et établit à sa place Archélaüs. A la mort de ce prince qui arriva l'an du monde 4022, la Cappadoce fut réduite en province romaine. 3973-31.	

LE PONT.

Luculle défait Tigrane et Mithridate joints ensemble auprès de la rivière d'Arsamia. 3936-68.

Mithridate recouvre tous ses Etats à la faveur de la mésintelligence qui se met dans l'armée romaine. 3937-67.

Pompée est donné pour successeur à Luculle. Il remporte plusieurs avantages sur Mithridate, et l'oblige à prendre la fuite. 3938-66.

Tigrane vient se rendre à Pompée.

Pompée se rend maître de Caïne où étaient renfermés les trésors de Mithridate. 3939-65.

Mort de Mithridate. Pharnace son fils que l'armée avait élu roi soumet et sa personne et ses Etats aux Romains.

SYRACUSE.

On rapporte la fondation de Syracuse à l'an du monde 3295, avant Jésus-Christ 709.

Commencement de Gélon. 3520-484.

Gélon est élu roi de Syracuse. Son règne dure cinq ou six ans. 3525-479.

Hiéron I. Il règne onze ans. 3532-472.

Thrasybule. Il est chassé par ses sujets au bout d'un an. 3543-461.

Les Syracusains jouissent de leur liberté pendant 60 ans. 3544-460.

Les Athéniens aidés par les Ségestains entreprennent le siège de Syracuse sous la conduite de Nicias. Au bout de deux ans ils sont obligés de le lever. Les Syracusains les poursuivent et les défont entièrement. 3589-415.

Commencement de Denys l'ancien. 3593-411.

Denys, après avoir fait déposer les anciens magistrats de Syracuse, est mis à la tête des nouveaux, et bientôt après il se fait déclarer généralissime des armées. 3598-406.

Révolte des Syracusains contre Denys à l'occasion de la prise de Géle par les Carthaginois. Elle est sui-

CARTHAGE.

Carthage fut fondée l'an du monde 3158, avant Jésus-Christ 846.

Premier traité entre les Carthaginois et les Romains. Il paraît que dès avant ce traité les Carthaginois avaient porté les armes dans la Sicile, puisqu'ils en possédaient déja une partie quand il fut conclu. Mais on ne sait pas dans quelle année. 3501-503.

Les Carthaginois font alliance avec Xerxès. 3520-484.

Les Carthaginois attaquent sous la conduite d'Amilcar les Grecs établis dans la Sicile. Ils sont battus par Gélon. 3523-481.

Les Carthaginois envoient sous la conduite d'Annibal du secours aux Ségestains contre ceux de Syracuse. 3592-412.

Annibal et Imilcon sont envoyés en Sicile pour en faire la conquête. Ils ouvrent la campagne par le siège d'Agrigente. 3595-409.

La guerre que les Carthaginois faisaient en Sicile se

SYRACUSE.

vie d'un traité de paix entre les Syracusains et les Carthaginois, dont une des conditions est que Syracuse demeurera soumise à Denys. Il s'en établit tyran. 3600-404.

Nouveaux troubles à Syracuse contre Denys. Il vient à bout de les dissiper.

Denys fait de grands préparatifs pour se mettre en état de déclarer de nouveau la guerre aux Carthaginois. 3605-399.

Massacre des Carthaginois qui se trouvent en Sicile, suivi d'une déclaration de guerre que Denys leur fait signifier par un héraut qu'il avait dépêché à Carthage. 3607-397.

Denys se rend maître de Rhège par capitulation. L'année suivante il rompt le traité, et s'en rend maître de nouveau par force. 3615-389.

Mort de Denys l'ancien. Denys le jeune son fils lui succède. Il fait venir Platon à la cour, par le conseil de Dion son beau-frère. 3632-372.

Dion exilé par ordre de Denys se retire dans le Péloponèse.

Denys fait épouser Arète sa sœur et femme de Dion à Timocrate un de ses amis. Ce traitement fait prendre à Dion la résolution d'attaquer le tyran à force ouverte. 3643-361.

Dion oblige Denys d'abandonner Syracuse. Il fait voile vers l'Italie. 3644-360.

Callippe fait assassiner Dion, et se rend maître de Syracuse où il règne environ 13 mois. 3646-358.

Hipparinus frère de Denys le jeune chasse Callippe de Syracuse, et s'y établit à sa place, 2 ans. 3647-357.

Denys remonte sur le trône. 3654-350.

Les Syracusains appellent Timoléon à leur secours, 3656-348.

CARTHAGE.

termine par un traité de paix avec les Syracusains.
3600-404.

Imilcon passe en Syrie avec une armée pour soutenir la guerre contre Denys. Elle dure 4 ou 5 ans.
3607-397.

Second traité de paix conclu entre les Romains et
les Carthaginois. 3654-350.

Les Carthaginois font une nouvelle tentative pour
s'emparer de la Sicile. Ils sont battus par Timoléon

Denys est forcé par Timoléon de se rendre et de se retirer à Corinthe. 3657-347.

Timoléon détruit la tyrannie à Syracuse et dans toute la Sicile, et y rétablit la liberté. 3658-346.

Agathocle s'empare de la tyrannie à Syracuse. 3685-319.

Une légion romaine s'empare de Rhège par trahison. 3724-280.

Hiéron et Artémidore sont élevés au souverain commandement par les troupes de Syracuse. 3729-275.

Hiéron est déclaré roi par les citoyens de Syracuse. 3736-268.

Appius Claudius passe en Sicile pour porter du secours aux Mamertins contre les Carthaginois. Hiéron, qui d'abord lui avait été contraire, s'accommode avec lui et fait alliance avec les Romains. 3741-263.

CARTHAGE.

que les Corinthiens avaient envoyé au secours des Syracusains. 3656-348.

Hannon citoyen de Carthage forme le dessein de se rendre maître de sa patrie.

Ambassade de Tyr à Carthage pour demander du secours contre Alexandre-le-Grand. 3672-332.

Commencement des guerres que les Carthaginois ont soutenues en Sicile et en Afrique contre Agathocle. 3685-319.

Les Carthaginois envoient sous la conduite de Magon du secours aux Romains contre Pyrrhus. 3727-277.

Commencement de la première guerre punique avec les Romains. Elle dure 24 ans. 3741-263.

Les Romains assiègent les Carthaginois dans Agrigente, et se rendent maîtres de la ville après un siège de 7 mois. 3743-261.

Combat naval entre les Romains et les Carthaginois près des côtes de Myle. 3745-259.

Combat naval près d'Ecnome en Sicile 3749-255.

Régulus dans l'Afrique. Il y est fait prisonnier. 3750-254.

Xanthippe vient au secours des Carthaginois.

Régulus est envoyé à Rome pour y proposer l'échange des prisonniers. A son retour les Carthaginois

Hiéron envoie du secours aux Carthaginois contre les étrangers mercenaires. 3763-241.

Hiéron va au-devant du consul Tib. Sempronius pour lui faire offre de ses services contre les Carthaginois. 3786-218.

Mort d'Hiéron. Hiéronyme son petit-fils lui succède. 3789-215.
Hiéronyme quitte le parti des Romains, et fait alliance avec Annibal. Il est assassiné peu de temps après. Sa mort est suivie de grands troubles à Syracuse.

Marcellus se rend maître de Syracuse après un siège de trois ans. 3792-212.

CARTHAGE.

le font mourir dans les tourmens les plus cruels. 3755-249.

Siège de Lilybée par les Romains. 3756-248.

Défaite des Carthaginois près des îles Egates, suivie du traité qui met fin à la première guerre punique. 3763-241.

Guerre de Libye contre les étrangers mercenaires. Elle dure trois ans et quatre mois.

Les Carthaginois cèdent la Sardaigne aux Romains, et s'engagent à leur payer 1200 talens. 3767-237.

Amilcar est tué en Espagne. Adrusbal son gendre lui succède dans le commandement des armées. 3776-228.

Annibal est envoyé en Espagne sur la demande qu'en avait faite Adrusbal son oncle.

Mort d'Adrusbal, Annibal est fait général de l'armée en sa place. 3784-220.

Siège de Sagonte. 3786-218.

Commencement de la seconde guerre punique. Elle dure 17 ans.

Annibal passe dans l'Italie, gagne les batailles du Tésin et de Trébie. 3787-217.

Bataille de Thrasymène. 3788-216.

Annibal trompe Fabius au défilé de Cassilin.

Cn. Scipion défait les Carthaginois en Espagne.

Bataille de Cannes. Annibal se retire à Capoue après la bataille. 3789-215.

Adrusbal est battu en Espagne par les deux Scipions. 3790 214.

CARTHAGE.

Les deux Scipions sont tués en Espagne. 3793-211.

Les Romains forment le siège de Capouc.

Annibal s'avance vers Rome et l'assiège. Peu de temps après les Romains se rendent maîtres de Capoue. 3794-210.

Entrée d'Adrusbal dans l'Italie. Il est défait par le consul Livius auquel Néron, l'autre consul, s'était joint. 3798-206.

Scipion se rend maître de toute l'Espagne. L'année suivante il est fait consul, et passe en Afrique. 3799-205.

Annibal est rappelé au secours de sa patrie. 3802-202.

Entrevue d'Annibal et de Scipion dans l'Afrique, suivie d'une bataille sanglante où les Romains ont tout l'avantage. 3803-201.

Traité de paix entre les Carthaginois et les Romains, qui met fin à la seconde guerre punique. 3804-200.

Depuis la fin de la seconde guerre punique jusqu'au commencement de la troisième, il s'écoula 50 ans.

Annibal est fait préteur à Carthage, il y réforme la justice et les finances. Après avoir exercé cet emploi environ 2 ans, il se retire à Ephèse auprès d'Antiochus à qui il conseille de porter la guerre en Italie. 3810-194.

Entrevue d'Annibal et de Scipion à Ephèse. 3813-191.

Annibal se réfugie dans l'île de Crète pour éviter d'être livré aux Romains. 3816-188.

Annibal abandonne l'île de Crète pour aller chercher un asile chez Prusias roi de Bithynie. 3820-184.

Mort d'Annibal. 3822-182.

Les Romains envoient des commissaires dans

CARTHAGE.

l'Afrique pour juger le différent survenu entre les Carthaginois et Masinissa. 3848-156.

Seconde ambassade que les Romains envoient en Afrique pour faire de nouvelles enquêtes sur les différens entre Masinissa et les Carthaginois. 3848-156.

Commencement de la troisième guerre punique. Elle dure un peu plus de 4 ans. 3855-149.

Carthage est assiégée par les Romains. 3856-148.

Scipion le jeune est fait consul, et reçoit le commandement de l'armée qui assiégeait Carthage. 3858-146.

Scipion se rend maître de Carthage et la fait entièrement démolir. 3859-145.

FIN DE LA TABLE CHRONOLOGIQUE.

TABLE DES MATIÈRES.

A

Abantidas se saisit de la tyrannie à Sicyone, tome 10, page 254.

Abaris, poète grec, 16, 48.

Abas, roi d'Argos, 3, 282.

Abdolonyme placé malgré lui sur le trône de Sidon, 8, 305.

Abeille, nom donné à Sophocle, 6, 439.

Abelox, Espagnol, sa trahison, 2, 92.

Abradate, roi de la Susiane, s'engage au service de Cyrus, 2, 449. Il est tué à la bataille de Thymbrée, 3 9.

Abraham passe en Egypte avec Sara, 1, 263.

Abrocomas, un des généraux de l'armée d'Artaxerxe-Mnémon, marche contre Cyrus le jeune, 5, 350.

Absalon, frère d'Alexandre Jannée, 13, 72.

Abutite, gouverneur de Suse pour Darius, se rend à Alexandre, 8, 421.

Abyde, ville d'Asie, assiégée par Philippe, 11, 109.

Académie. Trois différentes académies, 16, 35. L'ancienne, 36. La moyenne, 35. La nouvelle, 59. Fondée à Alexandrie sous le nom de Muséon, 10, 59. Etablies en Europe dans le dernier siècle, 17, 321. Eloges de l'Académie des Sciences, 75, 165.

Acarnaniens, peuple de la Grèce, leur courage, 11, 21.

Achaz, roi de Juda, se rend vassal et tributaire de Théglathphalasar, 2, 321.

Achéens, établis par Achéus dans le Péloponèse 3, 292. Etablissement de leur république, 10, 251. Chef

qui ont rendu cette république si florissante, 11, 15, 59. Les Achéens entrent en guerre avec Lacédémone, 10, 321. Après plusieurs échecs, ils appellent à leur secours Antigone, 332. Etant en guerre avec les Etoliens, ils ont recours à Philippe, 418. Ils se déclarent contre ce prince pour les Romains, 11, 162. Ils prennent le parti des Romains contre Antiochus, 12, 276. Ils soumettent les Messéniens, 421. Ils envoient à Rome des députés au sujet de Sparte, 428. Ils prennent la résolution de partager avec les Romains les périls de la guerre contre Persée, 12, 120. Troubles dans l'Achaïe, 12, 334. Ils maltraitent les commissaires romains, 335. Ils engagent dans leur parti Thèbes et Chalcis, 340. Ils sont défaits par Métellus, 341. Puis par Mummius, 344. L'Achaïe est réduite en province romaine, 348.

Achémène, frère de Xerxès, 4, 112.

Achéménide, frère d'Artaxerxe Mnémon, est mis à la tête de l'armée que ce prince envoie contre l'Egypte, 4, 307. Il périt dans un combat, 308.

Achéus, fils de Xuthus, fondateur des Achéens, 3, 291.

Achéus, cousin de Séleucus Céraunus, a le maniement des affaires d'Egypte, 10, 373. Il refuse la couronne, et la conserve à Antiochus le Grand, 374. Révolte d'Achéus contre Antiochus, 381. Il est trahi, livré à Antiochus, et mis à mort, 409.

Achillas, tuteur de Ptolémée, 13, 380. Il assassine Pompée, 383. Il est mis à mort, 395.

Achoris, roi d'Egypte, 6. 25.

Achradine, quartier de Syracuse ; sa description, 5, 133.

Acichorius, chef des Gaulois, fait une irruption dans la Macédoine, 10, 109. Puis dans la Grèce, 110. Il y périt, 112.

Acier, description de ce métal, 14, 208.

Acilius (*Manius*) est chargé de faire la guerre dans la Grèce à Antiochus, 11, 278. Il défait ce prince auprès des Thermopyles, 285. Il soumet les Etoliens, 290.

Acilius, jeune Romain ; stratagème dont il se sert pour faire sortir Persée de son asile, 12, 240.

Acrisius, roi d'Argos, 3, 282.

Acrotate, fils d'Aréus, roi de Sparte, 10, 172.

Actium, ville célèbre par la défaite d'Antoine, 13, 435.

Ada, conservée dans le gouvernement de la Carie après la mort d'Idriée, son mari, 8, 245.

Adherbal, chef des Carthaginois, défait les Romains, 1, 477.

Adimante est nommé général des Athéniens après le combat des Arginuses, 5, 260. Ce qui lui fit éviter la mort après sa défaite près d'Ægos-Potamos, 288.

Admète, roi des Molosses, donne retraite à Thémistocle, 4, 255.

Admète, officier dans l'armée d'Alexandre, 8, 331.

Adonis. Fêtes célébrées à Athènes en son honneur, 5, 112.

Adorer. Etymologie de ce mot, 3, 226.

Adrien. Basse jalousie de cet empereur contre l'architecte Apollodore, 14, 327.

Adversité. Elle sert à relever la gloire d'un prince, 3, 97.

Ægos-Potamos, célèbre par la victoire de Lysandre sur les Athéniens, 5, 286.

Ægyptus, nom donné à Sésostris, 1, 266.

Æsopus, comédien, 15, 35.

Afer Domitius, célèbre orateur, 15, 448.

Affranchis. Leur crédit sous les mauvais empereurs, 16, 506.

Afranius, poète latin, 16, 116.

Afrique, découverte par les soins de Néchao, 1

301. Hannon y £.. un voyage par ordre du sénat de Carthage 365.

Agamemnon, roi de Mycènes, 3, 284.

Agariste, femme de Mégaclès. Ce que fit son père en lui choisissant un époux, 3, 365.

Agathocle s'empare de la tyrannie à Syracuse, 1, 423. Ses expéditions contre les Carthaginois en Sicile et en Afrique, 424. Il attire Ophellas dans son parti, puis le fait mourir, 438. Fin misérable de ce tyran, 440.

Agathocle, gouverneur des Parthes pour Antiochus, 10, 209.

Agathocle, frère d'Agathoclée, 10, 411. Ce qu'il fait pour obtenir la tutelle de Ptolémée Epiphane, 11, 100. Il périt misérablement, 102.

Agathoclée, concubine de Ptolémée Philopator, 11, 101.

Agathodamon, géographe, 17, 419.

Agatias, poète, 16, 81.

Agélas, de Naupacte, ambassadeur des alliés vers Philippe, 10, 473.

Agésilas est élu roi à Sparte, 5, 435. Il part pour l'Asie, 439. Il se brouille avec Lysandre, 444. Expéditions d'Agésilas en Asie, 450.. Les éphores le rappellent pour venir au secours de sa patrie, 471. Il remporte une victoire sur les Thébains à Coronée, et y est blessé, 481. Il retourne à Sparte, 11, 5. Il découvre le complot que Lysandre avait formé, 7. Il fait nommer Téleucias, son frère, amiral de la flotte, 8. Il fait absoudre Sphodrias, 7, 306. Il fait déclarer la guerre aux Thébains, 89. Il trouve le moyen de sauver ceux qui avaient pris la fuite à la bataille de Leuctres, 99. Conduite que tient Agésilas dans les deux irruptions des Thébains sur le territoire de Sparte, 103, 145. Lacédémone l'envoie au secours de Tachos, roi d'E-

gypte, qui s'était révolté pour les Perses, 180.
Il se déclare pour Nectanébus contre Tachos, 182.
Il meurt en retournant à Sparte, 185.

Agésilas, oncle maternel d'Agis, roi de Sparte,
10, 292. Violences qu'il commet étant éphore, 301.
Il est blessé et laissé pour mort, 323.

Agésipolis, roi de Sparte avec Agésilas, 7, 274.
Il commande l'armée envoyée contre Olynthe, 282.
Sa mort, *ibid.*

Agésipolis règne à Sparte avec Lycurgue, 10,
428. Il est chassé du trône par Lycurgue, 11, 218.

Agesistrata, mère d'Agis, roi de Sparte, 10,
311. Sa mort, 315.

Agiatis, veuve d'Agis, roi de Sparte, est forcée
par Léonide d'épouser Cléomène, 10, 316. Mort de
cette princesse, 340.

Agis I, fils d'Euristhène, roi de Sparte, réduit
les habitans d'Elos en servitude, 3, 445.

Agis II, fils d'Archidamus, roi de Sparte, 5,
130. Il fait la guerre aux habitans de l'Elide et re-
connaît en mourant Léotychide pour son fils, 5,
430.

Agis III, fils d'un second Archidamus, roi de
Sparte, est tué dans un combat, 8, 457.

Agis IV, fils d'Eudamidas, règne à Sparte, 10, 286.
Il est envoyé au secours des Achéens contre les Étoliens, 302. Il est condamné à mort et exécuté, 313.

Agonothètes, *Athlothètes*, *Hellanodiques*, noms
donnés à ceux qui présidaient aux jeux publics dans
la Grèce, leurs fonctions, 6, 375.

Agricola. Sa vie écrite par Tacite, 16, 342.

Agriculture, 14, 121. Quelle estime on en faisait dans les anciens temps, 123. Principalement
en Egypte, 1, 235. En Perse, 3, 166. Et en Sicile, 4, 418.

Agrigente. Fondation de cette ville, 5, 99.

Mollesse de ses habitans, 6, 489; 17, 128. Elle est soumise d'abord aux Carthaginois, 1, 402. Puis aux Romains, 2, 24.

Agron, prince d'Illyrie, 10, 277.

Airain. Mines d'airain, 14, 209.

Albaniens. Situation de leur pays, 13, 338.

Alcamène, sculpteur, 14, 349.

Alcandre, jeune Lacédémonien, crève un œil à Lycurgue, 3, 308.

Alcée, fils de Persée, roi de Mycènes, et père d'Amphitryon, 3, 283.

Alcée, poète grec, 3, 393; 16, 67.

Alcétas, roi des Molosses, bisaïeul commun de Pyrrhus et d'Alexandre-le-Grand, 8, 104.

Alcibiade, encore tout jeune, remporte le prix de la valeur dans un combat contre les Potidéens, 4', 380. Sa passion pour dominer seul, 5, 85. Dépenses énormes qu'il fait pour les jeux publics, 6, 402. Il commence à paraître à Athènes, 5, 77. Artifice qu'il emploie pour faire rompre le traité avec Lacédémone, 86. Il engage les Athéniens dans la guerre de Sicile, 92. Il est nommé général avec Nicias et Lamachus, 101. On l'accuse d'avoir mutilé les statues de Mercure, 113. Il se rend maître de Catane par suprise, 123. Il est rappelé par les Athéniens pour être jugé, 124. Il se sauve, *ib.*; et est condamné à mort par contumace, 120. Il se retire à Sparte, 128. Il conseille aux Lacédémoniens d'envoyer Gylippe au secours de Syracuse 141. Il se retire auprès de Tissapherne, 212. On ménage son retour à Athènes, 218. Il bat la flotte des Lacédémoniens, 232. Il va trouver Tissapherne, qui le fait arrêter et conduire prisonnier à Sardes, 233. Il défait en un même jour Mindare et Pharnabaze, et il retourne triomphant à Athènes, 235. Il y est nommé généralissime, 241. Il fait célébrer

les grands mystères, 242. Il part avec la flotte 245. Thrasybule l'accuse à Athènes d'être la cause de la défaite de la flotte près d'Éphèse, 5, 253. On lui ôte le commandement, 255. Il revient trouver à Ægos-Potamos les généraux athéniens, 283. Il se retire dans la province de Pharnabaze, 311. Ce satrape le fait assassiner, 312.

Alcibiade, l'un des bannis de Sparte, est rétabli par les Achéens, on le député à Rome pour former des plaintes contre ceux-ci, 11, 404. Les Achéens le condamnent à mort, 410. Ils abrogent bientôt après ce jugement, 115.

Alcime est mis à la tête des armées de Démétrius Soter contre les Juifs, 12, 409.

Alcman, poète lyrique, 3, 393; 16, 66.

Alméon, 3, 364.

Alcméonides chassés d'Athènes par Pisistrate, 3, 369. Ils se chargent de la construction du nouveau temple de Delphes, 375.

Alcyonée, fils d'Antigone, porte à son père la tête de Pyrrhus, 10, 187.

Alexamène est envoyé par les Étoliens pour s'emparer de Lacédémone, 11, 263. Il est tué dans Sparte, 264.

Alexandra, femme d'Alexandre Jannée, règne sur la nation juive, 13, 51, 78.

Alexandre I, fils d'Amyntas, roi de Macédoine, venge l'injure que sa mère et ses sœurs avaient reçue des députés des Perses, 4, 44. Il fait aux Athéniens des propositions de paix de la part des Perses, 196. Il instruit les Grecs du dessein des Perses, 207.

Alexandre II, fils d'Amyntas II, règne en Macédoine, et meurt au bout d'un an, 7, 353.

Alexandre III, surnommé le Grand, fils de Philippe. Sa naissance, 8, 42, 189. Il dompte Bucéphale, 204. Il monte sur le trône de Macé-

doine , 208. Il défait les Thébains dans une grande bataille , 212. Il pardonne aux Athéniens, 218. Il convoque une diète à Corinthe, et s'y fait nommer généralissime des Grecs contre les Perses, 220. Il se prépare à son expédition contre les Perses, 226. Il part pour l'Asie , 228. Il passe le Granique , et remporte sur les Perses une grande victoire, 235. Il assiège et prend Milet, 8 , 242. Il fait la conquête de presque toute l'Asie mineure, 246. Il prend la ville de Gordion , et y coupe le fameux nœud Gordien, 250. Il arrive à Tarse , et y est attaqué d'une maladie mortelle, pour s'être baigné dans le Cydne; il en guérit , 254. Il va à la rencontre de Darius, et remporte sur ce prince une célèbre victoire près d'Issus, 273. Las de poursuivre Darius, il vient au camp de ce prince dont ses troupes venaient de s'emparer , 291. Humanité et égards d'Alexandre envers Sysigambis et les autres princesses captives, 295. Il passe en Syrie, 299. Darius lui écrit une lettre pleine de fierté, 303. Il y répond de même , 304. La ville de Sidon lui ouvre ses portes, 306. Il forme le siège de Tyr, il prend cette ville d'assaut , 312. Il reçoit une seconde lettre de Darius, 350. Il marche vers Jérusalem , 352. Il entre à Jérusalem, et y offre des sacrifices, 358. Il assiège et prend Gaza , 372, entre en Egypte et commence à y bâtir Alexandrie, 374. Il visite le temple de Jupiter Ammon, 380. A son retour d'Egypte, il songe à aller chercher Darius, 386. Il passe l'Euphrate , puis le Tigre , 390. Il atteint Darius, et gagne sur lui une grande bataille près d'Arbelles, 412. Il se rend maître d'Arbelles , de Babylone, de Suse, 413 *et suiv.* Il se met à poursuivre Darius, 438. L'attentat de Bessus sur ce prince lui fait hâter sa marche. 446. Douleur d'Alexandre en voyant le corps de Darius qui venait de mourir ,

448. Il marche contre Bessus, 462. Thalestris, reine des Amazones, vient de fort loin pour le voir, 466. Il continue sa marche contre Bessus, 473. Il fait mourir Philotas soupçonné d'être entré dans une conspiration contre lui, et Parménion, son père, 486. Il arrive dans la Bactriane, 490. On lui amène Bessus, 492. Il prend beaucoup de villes dans la Bactriane, 9, 5, et en bâtit une près de l'Iaxarte, à laquelle il donne son nom. Il marche contre les Sogdiens qui s'étaient révoltés, et rase plusieurs de leurs villes, 10. Les Scythes lui envoient des ambassadeurs qui lui parlent avec une liberté extraordinaire, 13. Il passe l'Iaxarte, 18 ; remporte une victoire sur les Scythes, 20. Il envoie Bessus à Ecbatane pour y être puni, 23. Il se rend maître de la ville de Pétra, 30. Il donne à Clitus le commandement des provinces qu'avait Artabase, 31. Il invite cet officier à un repas, et le tue, 36. Il épouse Roxane, fille d'Oxyarte, 43. Il entreprend de se faire adorer à la manière des Perses, 45. Il fait mourir le philosophe Callisthène 51. Il part pour les Indes, 55. Il y prend plusieurs villes, 68. Il accorde à Taxile sa protection, 72. Il remporte une célèbre victoire sur Porus, 86. Il bâtit Nicée et Bucéphalie, 88. Il s'avance dans les Indes, et soumet plusieurs peuples, 91. Il songe à pénétrer jusqu'au Gange, 100. Il renonce à ce dessein, 107. Il se met en chemin pour aller jusqu'à l'Océan, 109. Il court un risque extrême au siège de la ville des Oxydraques, 110. Il dompte tout ce qui se rencontre à son passage, il arrive à l'Océan, 122. Il se prépare à retourner en Europe, 123. En passant par des lieux déserts, il a beaucoup à souffrir de la famine, 125. Il arrive à Pasargade, 131. Honneurs qu'il rend aux cendres de Cyrus, 134. Il fait mourir Orsine, satrape de la province, 136.

Il épouse Statira, fille de Darius, 139. Il acquitte les dettes de ses soldats, 140. Il rappelle Antipater de Macédoine, et substitue Cratère à sa place, 152. Douleur d'Alexandre à la mort d'Ephestion, 154. Il soumet les Cosséens, 155. Il entre à Babylone malgré les sinistres prédictions des mages et des autres devins, 156. Il travaille à réparer les digues de l'Euphrate, 167, et à rebâtir le temple de Bélus, 169. Il se livre à de grands excès de vin qui causent sa mort, 177. Convoi d'Alexandre, 9, 298. Son corps est porté à Alexandrie, 323. Caractère de ce prince, 195 *et suiv.* Prophéties de Daniel qui regardent Alexandre, 8, 357.

Alexandre, fils d'Alexandre le-Grand, est élu roi, 9, 264. Cassandre dépouille d'abord ce prince de la royauté, 365, puis le fait mourir, 414.

Alexandre, fils de Cassandre, dispute la couronne de Macédoine à son frère Antipater, 10, 36.

Alexandre I, roi d'Epire, épouse Cléopâtre, fille de Philippe, roi de Macédoine, 8, 165.

Alexandre II, fils de Pyrrhus, roi d'Epire, 10, 161.

Alexandre Bala forme une conspiration contre Démétrius Soter, 12, 416. Il monte sur le trône de Syrie, 420. Il épouse Cléopâtre, fille de Ptolémée Philométor, *ibid.* Ptolémée se déclare contre lui en faveur de Démétrius Nicator, 424. Alexandre périt, 425.

Alexandre Zébina chasse Démétrius du trône de Syrie, 12, 481. Il est vaincu par Antiochus Grypus, et tué peu de temps après, 487.

Alexandre I, fils de Physcon, est mis sur le trône d'Egypte, 13, 21. Il fait mourir sa mère Cléopâtre, 32. Il est chassé par ses sujets, et périt bientôt après, 34.

Alexandre II, fils d'Alexandre I, règne en

Egypte après la mort de Lathyre, 13, 36. Il épouse Cléopâtre, dite Bérénice, et la tue dix-neuf jours après, 37. Les Alexandrins le chassent du trône, 32. Il meurt, et déclare en mourant le peuple romain son héritier, 13, 359.

Alexandre Jaunée règne en Judée, 13, 72. Il attaque les habitans de Ptolémaïde, 25. Lathyre marche au secours de cette ville, et défait Alexandre près le Jourdain, 13, 321. Vengeance d'Alexandre contre Gaza, 322. Affront sanglant qu'il reçoit à la fête des Tabernacles, 324. Guerre civile entre Alexandre et ses sujets, 325. Après l'avoir apaisée, il se livre à la bonne chère, et meurt, 327.

Alexandre se fait tyran de Phères, 7, 352. Il arrête par trahison Pélopidas, 355. Epaminondas l'oblige de relâcher son prisonnier, 362. Il est battu par Pélopidas près de Cynoscéphales, 364. Fin tragique de ce tyran, 371.

Alexandre, fils d'Erope, trame une conspiration contre Alexandre le Grand. Il est mis à mort, 8, 249.

Alexandre, fils de Polysperchon, accepte le gouvernement général du Péloponèse, 9, 367. Il est tué dans Sicyone, *ib.*

Alexandre, gouverneur de Perse pour Antiochus le Grand, 10, 375. Il périt misérablement, 385.

Alexandre, député des Etoliens à l'assemblée des alliés convoquée à Tempé, 11, 186.

Alexandre, soi-disant fils de Persée, est chassé du trône de Macédoine qu'il avait usurpé, 12, 333.

Alexandre, fils d'Antoine et de Cléopâtre, 12, 424.

Alexandrie, ville d'Egypte, bâtie par Alexandre le Grand, 8, 327. Magnificences de cette ville, 14, 315. Luxe qui y régnait, 1, 192. Son commerce, 190. Fameuses bibliothèques d'Alexandrie, 10, 59. Sort de ces bibliothèques, 61.

Alexandrie bâtie par Alexandre le Grand sur l'Iaxarte , 9, 10.

Alexis, gouverneur de la citadelle d'Apamée, trahit Épigène, général d'Antiochus, 10, 383.

Algèbre. Cette science fait partie des mathématiques, 17, 385.

Allobroges. Etendue de leur pays , 2, 54.

Almamon, calife de Babylone, 17, 407. Ses soins pour la perfection de l'astronomie et de la géographie , 408.

Alpes, montagnes célèbres par le passage d'Annibal, 2, 54.

Alphonsines, tables astronomiques , 17, 409.

Alyatte, roi de Lydie , 2 , 379.

Amasis, officier d'Apriès, est proclamé roi d'Egypte, 1, 311. Il est confirmé dans la possession du royaume de Nabuchodonosor, 314 Il défait Apriès qui marchait contre lui, le prend prisonnier , et le fait mourir, 315. Il règne paisiblement en Egypte, 317. Moyens qu'il emploie pour se faire respecter de ses sujets, 318 Sa mort, 319. Son corps est tiré du tombeau et jeté au feu par ordre de Cambyse, 3 , 112.

Ambassadeur. Bel exemple de désintéressement, 10, 192.

Ambition. Il y en a de deux sortes, 2, 353. Les payens la regardaient comme une vertu, 5, 368.

Ame Sa nature, 17, 300. Entretien de Socrate sur l'immortalité de l'ame, 6, 135 *et suiv.*

Aménophis, roi d'Egypte, 1, 265. Comment il fit élever son fils Sésostris, 367.

Amestris, femme de Xerxès, 7, 230. Elle fait mourir Inarus , 4, 313.

Amilcar commande l'armée que les Carthaginois font passer en Sicile à la sollicitation de Xerxès, 1 , 393 ; 4, 126. Sa mort, 1 , 394.

Amilcar, fils de Gyscon, commande l'armée des

Carthaginois contre Agathocle , 1 , 423. Il tombe vif entre les mains des Syracusains, 435. Il est mis à mort , *ibid.*

Amilcar, surnommé Barca, général carthaginois, 2 , 14. Il commande l'armée contre les mercenaires, 18 , et les défait entièrement, 20. Il passe dans l'Espagne , qu'il soumet en peu de temps, 31. Il y est tué dans une bataille, *ibid.*

Amilcar, surnommé Rhodanus , Carthaginois , passe dans le camp d'Alexandre, par ordre de Carthage, 1, 439. A son retour, il est mis à mort , 440.

Amiot, vieux auteur français, 15, 349.

Amisus, ville d'Asie, assiégée par Luculle, 13, 272. L'ingénieur Callimaque, qui la défendait, y met le feu, et la brûle , 279.

Amitié. Loi fondamentale de l'amitié, 5, 434.

Ammien Marcellin, historien latin, 16, 361.

Ammoniens, 3, 112. Temple célèbre de ce pays, 114.

Amnistie célèbre à Athènes , 5, 324.

Amorgès, bâtard de Pissuthne, 5, 211.

Amour. Les Anciens dans leurs pièces de théâtre n'admettaient rien qui pût y avoir rapport, 6, 443. A quels excès cette passion peut conduire, 10, 308.

Ampharès, éphore de Sparte, 10, 311. Sa trahison envers le roi Agis, *ib.*

Amphictyon, roi d'Athènes, 3, 285.

Amphictyons. Etablissement de cette assemblée, 3, 285; 6, 228 *et suiv.* Fameuse guerre sacrée entreprise par son ordre, 8, 56.

Amphipolis, ville de Thrace, assiégée par Cléon, chef des Athéniens, 5, 69. Philippe enlève cette ville aux Athéniens et la déclare libre, 8, 34. Elle est réduite bientôt après sous l'obéissance de ce prince, 39.

Amyntas I, roi de Macédoine, se soumet à Darius, 4, 43.

Amyntas II, roi de Macédoine, père de Philippe, 8, 25. Sa mort, 28.

Amyntas, fils de Perdiccas, exclu du trône de Macédoine, 8, 31.

Amyntas, officier d'Alexandre le Grand, 8, 419.

Amyntas, déserteur de l'armée d'Alexandre, s'empare du gouvernement en Egypte, 8, 373.

Amyrtée, un des chefs des révoltés en Egypte contre Artaxerxe Longue-main, 4, 510. Il est soutenu par les Athéniens, 344. Il chasse les Perses de l'Egypte, et en est déclaré roi, 5, 58.

Amytis, femme de Nabuchodonosor, 2, 298.

Anacharsis, Scythe nomade, mis au nombre des sept sages, 3, 408.

Anacréon, poète grec, 3, 398 ; 16, 69.

Anaïtis. Sort d'une statue de cette déesse, 26, 170.

Anatomie, 17, 365.

Anaxagore, philosophe, 17, 17. Soins qu'il prit de Périclès, 4, 524 ; 16, 11 ; 17, 19. Sa doctrine, 4, 393 ; 17, 20. Opinion de ce philosophe sur la nature des dieux, 17, 265..

Anaxandre, *Anaxidame*, rois de Lacédémone, 3, 461.

Anaxilaüs, tyran de Zancle, 4, 421.

Anaximandre, philosophe, 17, 17. Ce qu'il pensait de la nature de la Divinité, 265.

Anaximène, rhéteur, 15, 393. Philosophe, 17, 17. Son sentiment sur la nature des dieux, 265. Comment il sauva sa patrie, 8, 230.

Ancus (Marcius). Cérémonie qu'il établit, 15, 56.

Andocide, orateur grec, 16, 378.

Andranodore, tuteur d'Hiéronyme roi de Syracuse, 14, 32. Il forme une conspiration pour monter sur le trône, 45.

Andriscus, d'Adramyrte, se donne pour fils de Persée, et se fait déclarer roi de Macédoine, 12, 327.

Androcle, fils de Codrus, roi d'Athènes, 3, 293.

Androcle, esclave ; son aventure avec un lion, 16, 256.

Andromaque, gouverneur de la Syrie et de la Palestine pour Alexandre, 8, 384.

Andromaque, père d'Achéus, prisonnier de Ptolémée Evergète, 10, 374. Ptolémée Philopator le relâche, 391.

Andronic, officier d'Antigone, se rend maître de Tyr, 9, 395. Il y est assiégé par Ptolémée et forcé de se rendre, 402.

Andronic, officier de Persée, mis à mort, 12, 179.

Andronicus (*Livius*), poète latin, 16, 86.

Andronique, Rhodien à qui on est redevable des ouvrages d'Aristote, 13, 253.

Androsthène, commandant pour Philippe à Corinthe, 11, 189.

Anicius; chargé de la guerre contre Gentius roi d'Illyrie, 12, 208. Reçoit l'honneur du triomphe, 268.

Année solaire. En quel temps elle a commencé à être en usage, 1, 232.

Annibal, fils de Gisgon, est mis à la tête des troupes que les Carthaginois envoient en Sicile au secours des Egestains, 1, 397. Actions de ce général en Sicile, 398. Il y meurt de la peste, 400.

Annibal commande la flotte des Carthaginois, et est défait par le consul Duilius, 1, 453. Il assiège les Mercenaires enfermés dans Tunis, 2, 20. Il tombe entre leurs mains, et est mis en croix, 21.

Annibal, surnommé le Grand, âgé de 9 ans, suit son père en Espagne, 2, 30. Il est nommé pour commander dans ce pays après la mort d'Asdrubal, 34. Après diverses conquêtes il assiège Sagonte, 37. Il se prépare à passer en Italie, 43. Ses expéditions jusqu'au Rhône, 46. Sa marche après le passage du Rhône, 47. Il passe les Alpes, 52. Son entrée en

Italie, 61. Il défait les Romains près la rivière du Tésin, 63. Puis près celle de la Trébie, 69. Il marche vers la Toscane, 74. Il perd un œil au passage de l'Apennin, 76. Il gagne une bataille près le lac de Thrasymène, 77. Il conclut un traité avec Philippe, 11, 7. Sa conduite à l'égard de Fabius, 2, 82. Il se tire d'un mauvais pas à Casilin, 87. Il remporte une célèbre victoire près de Cannes, 99. Il envoie des députés à Carthage, 102. Il fait un traité avec Hiéronyme, 14, 56. Il passe son quartier d'hiver à Capoue, 2, 106. Mauvais succès d'Annibal, 112 *et suiv.* Il est rappelé en Afrique, 127. Il y a une entrevue avec Scipion, 152. Combat où il est vaincu, 155. Il se sauve à Carthage, *ib.* Il fait conclure la paix avec les Romains, 139. Il réforme à Carthage la justice et les finances, 149. Poursuivi par les Romains il se retire auprès d'Antiochus, 153; 11,215. Discours qu'il tient à ce prince, et conseils qu'il lui donne, 2, 158; 11, 239. Il passe en Syrie et en Phénicie pour en amener des vaisseaux, 11, 296. Il est défait sur mer par les Rhodiens, 302. Il se retire d'abord dans l'île de Crète, 2, 162; puis auprès de Prusias, *ib.* 11, 425. Il rend à ce prince de grands services, 2, 163; 11, 426. Trahi par Prusias, il avale du poison, 2, 164; 11, 427. Éloge et caractère d'Annibal, 2, 166.

Annibal, député du grand Annibal vers Hiéronyme, 14, 36.

Antalcide, Lacédémonien, conclut avec les Perses une paix honteuse aux Grecs, 6, 11.

Anthès, musicien, 14, 482.

Antigenide, joueur de flûte, 14, 474.

Antigona, maîtresse de Philotas, l'accuse devant Alexandre, 8, 477.

Antigone, officier d'Alexandre, partage l'empire de ce prince avec les autres officiers, 9, 265. Il fait la guerre à Eumène, 318. Il marche en Pisidie

contre Alcétas et Attale , 321. Il devient fort puissant, 328. Il est battu par Eumène, 378. S'étant emparé de sa personne , il le fait périr en prison, 387. Il se forme une ligue contre lui, 392. Victoires qu'il remporte, 395 *et suiv.* Il fait mourir Cléopâtre sœur d'Alexandre, 417. Il forme le dessein d'affranchir la Grèce, 422 *et suiv.* Il prend le titre de roi , 443. Il fait une invasion en Égypte, 444. Il perd une grande bataille à Ipsus, il est tué dans le combat, 10, 17.

Antigone Gonatas s'offre en otage à la place de Démétrius son père, 10, 53. Il s'établit dans la Macédoine, 116. Pyrrhus l'en chasse, 170. Il envoie des troupes aux Spartiates contre Pyrrhus, 180. Il marche au secours d'Argos assiégée par ce prince, 184. Il assiège Athènes , 195. Sa mort, 239.

Antigone Doson, comme tuteur de Philippe, règne en Macédoine, 10, 250. Les Achéens l'appellent à leur secours contre Sparte , 10, 331 *et suiv.*

Antigone, neveu d'Antigone Doson, favori de Philippe, 11, 489. Intentions de Philippe à son égard, 493. Il est mis à mort par ordre de Persée , 12, 102.

Antigone, seigneur macédonien à la cour de Persée, 12, 203.

Antigone, frère d'Aristobule I, termine la guerre d'Iturée, 13, 70. Son frère le fait mourir, 71.

Antigone, fils d'Aristobule II, est envoyé à Rome par Pompée, 13, 95. Il est placé sur le trône de Judée, 97. Il est assiégé dans Jérusalem, 102. Il se rend, et est mis à mort, 103.

Antigone, fille de Ptolémée, et femme de Pyrrhus, 10, 29.

Antigonie, ville bâtie par Antigone, 10, 14. Détruite par Séleucus, 23.

Antimaque, officier dans l'armée de Persée, 12, 164.

Antioche, ville bâtie par Séleucus sur l'Oronte, 10, 23.

Antiochus, lieutenant d'Alcibiade, 5, 252.

Antiochus I, surnommé Soter, règne en Syrie. et épouse Stratonice femme de son père, 10, 95. Il tâche de s'emparer du royaume de Pergame, 201. Il fait mourir un de ses fils, et meurt lui-même fort peu après, 202.

Antiochus II, surnommé Théus, monte sur le trône de Syrie, 10, 202. Il délivre Milet de la ty-rannie, *ib*. Il porte la guerre en Egypte contre Ptolémée, 208. Il fait la paix avec Ptolémée, épouse Bérénice sa fille, la répudie et reprend Laodice qui le fait empoisonner, 211.

Antiochus Hiérax, commande dans l'Asie-Mineure, 10, 228. Il se ligue avec son frère Séleu-cus contre Ptolémée, 238. Il déclare la guerre à Séleucus, 240. Vaincu par Eumène il se retire au-près d'Ariarathe, qui cherche à s'en défaire, 243. Il se réfugie chez Ptolémée qui le fait mettre en prison, il se sauve et est assassiné par des voleurs, 244.

Antiochus III, surnommé le Grand, commence à régner en Syrie, 10, 375. Il épouse Laodice fille de Mithridate, 378. Il sacrifie Epigène à la jalousie d'Hermias, 381. Il marche dans la Célésyrie, et s'y rend maître de Séleucie, remporte divers avantages, 392 *et suiv*. Il perd une grande bataille à Raphia, 402. Il fait la paix avec Ptolémée, 404. Il tourne ses armes contre Achéus et le fait mourir, 406 Expé-ditions diverses d'Antiochus, 11, 91 *et suiv*. Il perd une grande bataille près de Magnésie, il demande la paix et l'obtient, 11, 524 *et suiv*. Pour payer aux Ro-mains le tribut, il pille un temple dans l'Elymaïde, il est tué, 377. Caractère d'Antiochus, *ib*.

Antiochus, fils aîné d'Antiochus le Grand, meurt

à la fleur de son âge, caractère de ce jeune prince, 11, 247.

Antiochus IV, surnommé Epiphane, va à Rome en ôtage, 11, 328 Il monte sur le trône de Syrie, 12, 12. Dispute entre ce prince et le roi d'Egypte, 16. Il marche vers l'Egypte, remporte plusieurs victoires, s'empare de la personne du roi, 21 *et suiv.* Sur le bruit d'une révolte générale, il passe en Palestine, 27. Il recommence la guerre en Egypte, 24. Il remet Ptolémée sur le trône, retourne en Syrie, revient en Egypte, 29. Il marche vers Alexandrie, Popilius, ambassadeur romain, l'oblige d'en sortir, 53 *et suiv.* Il charge Apollonius, un de ses généraux, de détruire Jérusalem, 44. Il passe en Judée, et y exerce d'horribles cruautés, 52. Il fait célébrer des jeux à Daphné près d'Antioche, 61. Défaite de plusieurs de ses généraux par Judas Machabée, 63 *et suiv.* Il passe en Perse, et entreprend de piller un riche temple à Elymaïde, 75. Ayant appris la défaite de ses armées en Judée, il part brusquement pour exterminer tous les Juifs, *ib.* Il meurt au milieu des plus vives douleurs, 78.

Antiochus V, dit Eupator, succède à son père Antiochus Epiphane dans le royaume de Syrie, 12, 366. Il continue la guerre contre les Juifs, 389. Ses généraux, et lui même en personne sont vaincus par Judas Machabée, 391. Il fait la paix avec les Juifs, et détruit les fortifications du temple, 395. Mécontentement des Romains contre Eupator, 405. Ses soldats le livrent à Démétrius qui le fait mourir, 407.

Antiochus VI, surnommé Théos, est placé par Tryphon sur le trône de Syrie, 12, 434. Peu de temps après il est assassiné, 437.

Antiochus VII, surnommé Sidète, épouse Cléopâtre, femme de Démétrius, et est proclamé roi de Syrie, 12, 445. Il chasse du trône Tryphon, qui

est mis à mort, 447. Il marche en Judée, 465. Il porte la guerre contre les Parthes; il y périt, 469.

Antiochus VIII, surnommé Grypus, commence à régner en Syrie, 12, 485. Il épouse Tryphène, fille de Physcon, roi d'Egypte, 486. Il défait et chasse Zébina *ib.* Sa mère Cléopâtre cherche à le faire périr par le poison, et est elle-même empoisonnée, 488. Guerre contre ce prince et Antiochus de Cyzique, son frère, 13, 7. Les deux frères partagent entre eux l'empire de Syrie, 11. Grypus épouse Sélène, fille de Cléopâtre, et recommence la guerre contre son frère, 26. Il est assassiné par un de ses vassaux, 28.

Antiochus IX, surnommé le Cyzicénien, fait la guerre à son frère Antiochus Grypus, 13, 7. Il épouse Cléopâtre que Lathyre avait répudiée, 8. Il porte du secours aux Samaritains, 12. Après la mort de son frère, il tâche de s'emparer de ses Etats, 29. Séleucus, fils de Grypus, le fait mourir, *ibid.*

Antiochus X, surnommé Eusèbe, fils d'Antiochus de Cyzique, chasse du trône Séleucus, 13, 30. Il épouse Sélène, veuve de Grypus, et est obligé de se réfugier chez les Parthes, 31. Secouru par eux, il revient en Syrie, *ib.* Chassé de nouveau de ses Etats, il se retire en Cilicie, et y finit ses jours, 35.

Antiochus XI, fils de Grypus, tâche de venger la mort de son frère Séleucus. Il se noie en voulant passer l'Oronte, 13, 30.

Antiochus XII, surnommé Dyonisus, règne fort peu de temps, 13, 28.

Antiochus XIII, dit l'Asiatique, Sélène sa mère l'envoie à Rome, 13, 39. A son retour il reçoit une insulte inouïe de la part de Verrès, 40. Il règne quelque temps en Syrie, 48, 310. Pompée le chasse de ses Etats, 13, 49, 341.

Antiochus, philosophe, 16, 64.

Antipas ou Antipater , père d'Hérode , excite de grands troubles en Judée, 13, 86 *et suiv.* Il envoie des troupes au secours de César assiégé dans Alexandrie, 400.

Antipater, lieutenant d'Alexandre, gouverne en Macédoine en son absence, 8 , 226. Il défait les Lacédémoniens, 10, 224. Alexandre lui ôte son gouvernement et le rappelle auprès de lui, 9, 152. Soupçons jetés sur Antipater au sujet de la mort d'Alexandre , 175. Expéditions d'Antipater dans la Grèce après la mort d'Alexandre , 9, 278. Il est vaincu près de Lamia, 279. Il se rend aux Athéniens par capitulation, 283. Il s'empare d'A- thènes, et y établit garnison, 287. Il fait mourir Démosthène et Hypéride, 289. Il donne Phila, sa fille, en mariage à Cratère. Il est nommé régent du royaume de Macédoine à la place de Perdiccas, 309. Mort d'Antipater , 325.

Antipater, fils aîné de Cassandre , dispute la couronne de Macédoine à son frère, 10 , 36. Il tue sa mère Thessalonice qui favorisait son cadet , 37. Démétrius le chasse de la Macédoine ; il se retire en Thrace, et y meurt, 38.

Antipater, poète et philosophe 16, 52 ; 17 , 93.

Antiphile , peintre. Sa jalousie contre Apelle , 14 , 439.

Antiphon. Bon-mot qui lui coûta la vie, 7, 60.

Antiphon , orateur grec, 16 , 377.

Antisthène , philosophe cynique , 17 , 79. Ce qu'il pensait de la nature de la Divinité, 17, 268. Il fait sentir aux Athéniens l'abus de leurs promo- tions aux charges publiques, 15 , 64.

Antoine (*Marc*) contribue au rétablissement d'Aulète sur le trône d'Egypte , 13 , 375 *et suiv*. Etant triumvir, il cite Cléopâtre devant lui , et pour quelle raison , 406. Pouvoir de cette reine

sur son esprit, 410. Elle l'emmène avec elle à Alexandrie, 413. Antoine retourne à Rome, et y épouse Octavie, sœur de César, 416. Il fait quelques expéditions contre les Parthes, 418. Il passe en Phénicie pour y joindre Cléopâtre, 4 9. Injure qu'il fait à Octavie, 420. Il se rend maître de l'Arménie, et revient à Alexandrie où il entre en triomphe, 422. Il y célèbre le couronnement de Cléopâtre et de ses enfans; il rompt avec César et répudie Octavie, 428. Antoine se met en mer accompagné de Cléopâtre, 432. Il est vaincu près d'Actium, 435. Il revient à Alexandrie, 437. Il envoie à César des ambassadeurs pour traiter de la paix avec-lui, 438. Trahi par Cléopâtre, il défie César à un combat singulier, 444. Croyant que Cléopâtre s'était donné la mort, il s'enfonce son épée dans le corps, 446. Il expire entre les bras de Cléopâtre, 447. Cette princesse lui fait des funérailles magnifiques, 450. Combien était forte et persuasive l'éloquence d'Antoine, 16, 411.

Anysis, roi d'Egypte, 1, 287.

Aorne, rocher dans les Indes, assiégé et pris par Alexandre, 9, 69.

Apamé, fille d'Antiochus Soter, et veuve de Magas, 19, 207.

Apaturies; fête qui se célébrait à Athènes, 5, 270.

Apaturius, officier de Séleucus Céraunus, est mis à mort, 10, 373.

Apéga, machine infernale inventée par Nabis, 11, 88.

Apelle, courtisan de Philippe, 10, 436. Périt misérablement, 469.

Apelle, complice des accusations de Persée contre Démétrius, est envoyé par Philippe en ambassade à Rome, 11, 484. Après la mort de ce dernier, il se sauve en Italie, 492.

Apelle, officier d'Antiochus Epiphane, 12, 49. Mathathias le tue avec toute sa suite, 51.

Apelle, peintre célèbre, 14, 428. Manière dont il fit connaissance avec Protogène, 429. Avec quelle simplicité il disait son sentiment, et recevait celui des autres, 433. Affection d'Alexandre pour ce peintre, 434. Aventure qui lui arrive à Alexandrie, 438 Vengeance qu'il en tire, 440.

Apellicon, Athénien. Bibliothèque qu'il ava it élevée à Athènes, 13, 252.

Aphthoné, rhéteur grec, 15, 398.

Apion ou *Appion*, historien grec, 16, 256.

Apis, bœuf adoré sous ce nom chez les Egyptiens, 1, 211.

Apis, roi d'Argos, 3, 282.

Apollinaire, évêque de Laodicée, 16, 53.

Apollinaire, sophiste, fils du précédent, 16, 54.

Apollocrate, fils aîné de Denys le Jeune, commande dans la citadelle de Syracuse à la place de son père, 9, 361. Il remet cette place à Dion, et se retire vers son père, 379.

Apollodore, d'Amphipolis, officier d'Alexandre, 8, 417.

Apollodore, ami de Cléopâtre, favorise son entrée dans Alexandrie, 13, 388.

Apollodore, architecte, 14, 427. Sa sincérité est cause de sa mort, 428.

Apollodore, sculpteur, 14, 376.

Apollodore, peintre, 14, 412. Sa jalousie contre Zeuxis, son élève, 414.

Apollodote, gouverneur de Gaza pour Lathyre, défend cette place contre Alexandre Jannée, 13, 74. Il est assassiné par son frère Lysimaque, *ibid*.

Apollon. Temple élevé à Delphes en son honneur, 6, 263.

Apollone, de Rhodes, poète grec, 16, 51.

Apollone, philosophe stoïcien, 16, 24.

Apollonide, officier dans l'armée d'Eumène, 9, 318. Il est arrêté et mis à mort, 319.

Apollonide, magistrat de Syracuse, 14, 51. Sage discours qu'il tient dans une assemblée du peuple, *ib*.

Apollonius, seigneur de la cour d'Antiochus Épiphane, ambassadeur en Egypte, 12, 18; puis à Rome, 19. Antiochus l'envoie contre Jérusalem, avec ordre de détruire cette ville, 45. Il est vaincu par Judas Machabée, et tué dans le combat, 65.

Apollonius, gouverneur de Célésyrie et de Phénicie, marche contre Jonathas et est vaincu, 12, 424. Il forme un complot contre la vie de Ptolémée Philométor, *ib*.

Apollonius (*Pergæus*), géomètre, 18, 375.

Apollophane, médecin d'Antiochus le Grand, découvre la conspiration d'Hermias, 10, 387 ; 17, 337. Avis salutaire qu'il donne à Antiochus, 10, 395.

Appien, historien grec, 16, 281.

Appius (*Claudius*), consul romain, est envoyé au secours des Mamertins, 1, 449; 13, 472. Il défait les Carthaginois et les Syracusains, 1, 450 ; 13, 473.

Appius (*Claudius*), sénateur romain, empêche le sénat d'accepter les offres de Pyrrhus, 10, 139.

Appius (*Claudius*), Romain, commande un corps de troupes, 12, 163.

Apriès monte sur le trône d'Egypte, 1, 306. Heureux succès de ce prince, *ib*. Sédécias, roi de Juda, implore son secours, 307. Il se déclare le protecteur d'Israël, 308. L'Egypte se révolte contre lui, 311, et met Amasis sur le trône, *ib*. Il est obligé de se retirer dans la Haute Egypte, 312. Amasis le défait dans un combat, où il est fait prisonnier et mis à mort, 315.

Aquilius (*Manius*), proconsul romain, est vaincu dans un combat ; Mithridate le fait mourir, 13, 214.

Arabes Nabathéens. Caractère de ces peuples, 7, 171.

Aracus, amiral lacédémonien, 5, 277.

Araspe, seigneur de Médie, est chargé par Cyrus de la garde de Panthée, 2, 447. Passion qu'il conçoit pour cette princesse, *ib.* Bonté de Cyrus à son égard, 448. Il rend un grand service à ce prince, en se retirant comme espion chez les Assyriens, 449.

Aratus, fils de Clinias, se sauve de Sicyone pour se dérober à la fureur d'Abantidas, 10, 254. Il délivre cette ville de la tyrannie et l'unit à la ligue des Achéens, 256. Il apaise une sédition prête à éclater dans Sicyone, 261. Il est élu général des Achéens, expéditions diverses, 264 *et suiv.* Affection de Philippe pour Aratus, 418. Il est accusé faussement devant ce prince, 411 *et suiv.* Philippe le fait empoisonner, 11, 18. Éloge et caractère d'Aratus, 10, 255; 11, 15.

Aratus le jeune, fils du grand Aratus, exerce la première magistrature chez les Achéens, 10, 403. Philippe le fait mourir par le poison, 11, 16.

Aratus, poète grec, 16, 50.

Arbace, gouverneur des Mèdes pour Sardanapale, se révolte contre ce prince, et fonde le royaume de Médie, 2, 314 *et suiv.*

Arbace, général dans l'armée d'Artaxerxe Mnémon contre Cyrus, son frère, 5, 550.

Arbelles, ville d'Assyrie, célèbre par la victoire d'Alexandre sur Darius, 8, 396.

Arc, arme en usage chez les anciens, 14, 136.

Arcadiens. Utilité qu'ils tiraient de la musique, 14, 474.

Arcésilas, lieutenant d'Alexandre. Province qui lui échurent après la mort de ce prince, 9, 265.

Arcésilas, philosophe, fondateur de la moyenne académie, 16, 56.

Archagathe, fils d'Agathocle, commande en Afrique après le départ de son père, 1, 438. Il y périt misérablement, 439.

Archagathus, médecin de Grèce, 17, 348.

Archélaüs, gouverneur de Suse pour Alexandre, 8, 423.

Archélaüs, commandant des troupes d'Antigone, marche contre Aratus qui assiégeait Corinthe, et est fait, prisonnier, 10, 282.

Archélaüs, un des généraux de Mithridate, s'empare d'Athènes, est défait par Sylla, 13, 217, *et suiv.*

Archélaüs, fils du précédent, est fait grand-prêtre et souverain de Comane, 13, 192, 349. Il est tué dans un combat contre les Romains, 376.

Archélaüs, fils de ce dernier, possède les mêmes dignités que son père, 13, 192.

Archélaüs, second fils d'Archélaüs et de Glaphyra, monte sur le trône de Cappadoce, 13, 192 *et suiv.*

Archélaüs, Philosophe, 17, 22.

Archias, Corinthien, fondateur de Syracuse, 4, 432; 5, 99; 14, 91.

Archias, Thébain, tué par les conjurés, 7, 298.

Archias, comédien, 9, 289.

Archias (A. Licinius), poète grec, 16, 52.

Archibius. Son attachement pour Cléopâtre, 13, 208.

Archidamie : action héroïque de cette dame, 10, 174. Sa mort, 10, 314.

Archidamus, roi de Sparte, 4, 337. Il commande les troupes de Sparte au commencement de la guerre du Péloponèse, 450. Il forme le siège de Platée. 5, 6.

Archidamus, fils d'Agésilas, remporte une bataille sur les Arcadiens, 7, 343. Sa valeur durant

le siège de Sparte par Epaminondas, 374. Il règne à Sparte, 410.

Archidamus, autre roi de Lacédémone, est vaincu et mis en fuite par Démétrius Poliorcète, 10, 34.

Archidamus, frère d'Agis, se sauve de Sparte pour éviter la fureur de Léonide, 10, 316.

Archidamus, ambassadeur des Etoliens, 11, 273.

Archiloque, poète grec, inventeur des vers iambes, 3, 389 ; 16, 62.

Archimède, fameux géomètre, 14, 19 ; 17, 378. Il est tué à la prise de Syracuse, 14, 86.

Archimède, poète athénien, 14, 28.

Architas, de Tarente, écrit sur la mécanique, 17, 389.

Architectes célèbres dans l'antiquité, 14, 299.

Architecture : Ses commencemens, ses progrès, ses termes, etc., 14, 276 *et suiv.*

Archon, officier d'Alexandre, 9, 265. -

Archon est élu premier magistrat des Achéens, 12, 167.

Archontes, établis à Athènes, 3, 286, 334; 6, 219.

Ardys, roi de Lydie, 2, 378.

Arée, voy. *Alcibiade.*

Arellius, peintre, 14, 462.

Aréopage : son établissement, 3, 284. Périclès affaiblit son autorité, 6, 219.

Arétas, roi de l'Arabie Pétrée, se soumet à Pompée, 13, 89, 356.

Arète, fille de Denys le Tyran, épouse d'abord son frère Théoride, puis son oncle Dion, 7, 66. Elle épouse Timocrate, pendant l'exil de ce dernier, 112. Dion la reprend, 141. Sa mort, 148.

Aréthuse, fontaine célébrée dans la fable, 5, 132.

Ardus, petit-fils de Cléomène, règne à Sparte, 10, 172.

Aréus, autre roi de Sparte, 10, 286.

Aréus d'Alexandrie, philosophe, 13, 450.

Argée est porté par les Athéniens sur le trône de Macédoine, 8, 31.

Argent. Mines d'argent, 14, 230.

Argilien (l'). Il découvre la conspiration de Pausanias, 4, 247.

Arginuses, îles célèbres, 5, 262.

Argon, roi de Lydie, 2, 374.

Argos. Fondation de ce royaume, 3, 282. Guerre entre les Argiens et les Lacédémoniens, 448. Ils refusent de donner du secours aux Grecs contre les Perses, 4, 147. Ligue contre les Lacédémoniens, 5, 468. Siège d'Argos par Pyrrhus, 10, 184. Argos passe sous plusieurs dominations, 10, 336 *et suiv*. Elle se livre à Philoclès, un des généraux de Philippe, 11, 163. Elle secoue le joug de ce tyran, et se rétablit en liberté, 229.

Argus, roi d'Argos, 3, 282.

Ariamne, Arabe, trompe et trahit Crassus, 13, 126.

Ariamnés, roi de Cappadoce, 13, 178.

Ariarathe I, roi de Cappadoce, 13, 177.

Ariarathe II, fils du premier, règne sur la Cappadoce, 13, 177.

Ariarathe III, se sauve en Arménie après la mort de son père, 13, 178.

Ariarathe IV, roi de Cappadoce, 13, 178.

Ariarathe V, roi de Cappadoce, épouse Antiochus, fille d'Antiochus-le-Grand, 11, 244; 13, 179. Les Romains le condamnent à une grosse amende, 11, 112; 13, 180. Il envoie son fils à Rome, 12, 116. Il se déclare pour les Romains contre Persée, 120. Mort de ce prince, 12, 304.

Ariarathe VI, passe à Rome, 12, 116. Il refuse de régner du vivant de son père, 304; 13, 180. Il monte sur le trône de Cappadoce, 182. Il est

chassé du trône par Démétrius, 182. Attale le rétablit sur le trône, *ib.* Il entre dans la conspiration
formée contre Démétrius, 12, 415. Il marche au
secours des Romains contre Aristonic, et périt
dans cette guerre, 13, 184.

Ariarathe VII, règne en Cappadoce, 13, 184.

Ariarathe VIII, est placé sur le trône de Cappadoce par Mithridate, 13, 185.

Ariarathe IX, roi de Cappadoce, est vaincu par
Mithridate, et chassé de son royaume, 13, 185, 204.

Ariarathe X, monte sur le trône de Cappadoce,
13, 191.

Ariarathe, fils de Mithridate, règne en Cappadoce, 13, 186, 204. Chassé du trône par les Romains,
il y est rétabli une seconde, puis une troisième fois,
187, 207.

Ariaspe, fils d'Artaxerxe Mnémon, se donne la
mort, 7, 420.

Aridée, frère bâtard d'Alexandre, est déclaré roi
de Macédoine, 9, 181, 264. Olympias le fait mourir, 360.

Ariée commande l'aile gauche de l'armée de Cyrus à la bataille de Cunaxa, 5, 352 *et suiv.*

Arimanius, divinité adorée en Perse, 3, 235.

Arimaze, Sogdien, gouverneur de Pétra Oxiana,
9, 24. Alexandre le fait mourir, 30.

Ariobarzane, satrape de Phrygie, est établi roi de
Pont par Artaxerxe Mnémon, 19, 9. Il se révolte
contre ce prince, 7, 415.

Ariobarzane I, est placé sur le trône de Cappadoce par les Romains, 13, 187.

Ariobarzane II, monte sur le trône de Cappadoce, et est tué peu de temps après, 13, 188.

Ariobarzane III, règne en Cappadoce, 13, 188
et suiv.

Ariobarzane, gouverneur de Perse pour Darius,

se poste au Pas de Suse pour empêcher Alexandre de le passer , 8, 429,

Aristagore est établi par Hystiée, gouverneur de Milet, 4, 43.

Aristandre, devin à la suite d'Alexandre, 8 , 404; 9, 37.

Aristarque, grammairien grec,15 , 326.

Aristazane, officier de la cour d'Ochus, 7, 467.

Aristéas, citoyen d'Argos, donne entrée à Pyrrhus dans cette ville, 10, 184.

Aristée, géomètre, 17, 372.

Aristène, premier magistrat des Achéeus, 11, 153.

Aristide, un des chefs de l'armée des Athénieus à Marathon, 4, 84 *et suiv.*

Aristide, peintre, 9, 427.

Aristion s'empare de l'autorité à Athènes, et y exerce une cruelle tyrannie, 13, 218.

Aristippe, philosophe, 17, 28. Sa mort, 31.

Aristippe, citoyen d'Argos, excite une sédition dans cette ville,10, 181.Il en devient le tyran, 281.

Aristobule I, fils de Jean Hyrcan , succède à son père dans la souveraine sacrificature, et dans la principauté de la Judée, 13, 68.

Aristobule II, fils d'Alexandre Jannée, règne en Judée, 13, 85.

Aristoclite, musicien, 14, 486.

Aristocrate, commandant de l'aile gauche de l'armée des Athéniens aux îles Arginuses, 5, 261.

Aristocratie, sorte de gouvernement, 2, 266; 3, 289, 407.

Aristodème, chef des Héraclides, s'empare du Péloponèse, 3, 302.

Aristodème, tuteur d'Agésipolis, roi de Sparte, 5, 474.

Aristodème de Milet, est laissé à Athènes par Démétrius, 9, 427.

Aristogène, commandant dans l'armée des Athéniens aux îles Arginuses, 5, 266.

Aristogiton conspire contre les tyrans d'Athènes, 3, 373. Statues érigées en son honneur par les Athéniens, 377.

Aristomaque, tyran d'Argos, 10, 280.

Aristomaque, sœur de Dion, est mariée à Denys, tyran de Syracuse, 7, 21.

Aristomène, Messénien, offre sa fille pour être immolée aux dieux irrités, 3, 452 *et suiv.*

Aristomène, second du nom, roi de Messénie, remporte une victoire sur les Lacédémoniens, 3, 462 *et suiv.*

Aristomène, Acarnanien, est chargé de l'éducation de Ptolémée Epiphane, 11, 118.

Ariston de Syracuse, comédien, découvre une conspiration, 14, 45.

Ariston, pilote : conseil qu'il donne aux Syracusains, 5, 189.

Ariston, philosophe, 17, 77.

Ariston, fille de Cyrus, et femme de Darius, 3, 470.

Aristonic se saisit des Etats d'Attale, 12, 460.

Aristonicus de Marathon est fait mourir par ordre d'Antipater, 9, 289.

Aristophane, poète célèbre, 6, 457; 16, 60. Extraits de quelques-unes de ses pièces. 6, 99, 234, 459.

Aristophane, grammairien grec, 15, 326.

Aristophon, capitaine athénien, accuse Iphicrate de trahison, 7, 451.

Aristote. Sa naissance, 17, 65. Philippe le charge de l'éducation d'Alexandre, 66; 8, 43, 195. Soupçons jetés sur lui par rapport à la mort d'Alexandre, 9, 176. Son sentiment sur la nature des dieux, 17, 208. Sa mort, 17, 72. Il était excellent grammairien,

15 , 324. Rhéteur , 390. Philosophe, 17 , 65. Astronome, 17 , 402. Sort de ses ouvrages, 13 , 251.

Aristoxène , musicien et philosophe, 14, 492.

Aristylle, astronome, 17 , 403.

Arithmétique : utilité de cette science, 17,.382.

Armène, fils de Nabis , va à Rome en otage, 11, 236.

Arménie, province d'Asie, 2, 270. Elle était gouvernée par des rois, 420; 9 , 250 ; 13 , 200.

Armes , celles en usage chez les anciens , 3, 182; 15 , 129.

Arpentage, inventé par les Egyptiens , 1 , 232.

Arrichion, pancratiaste : combat de cet athlète , 6, 140.

Arrien , historien grec , 8, 21 ; 16, 279.

Arsace I , gouverneur de la Parthie pour Antiochus , 10 , 210. Il prend le titre de roi, 146.

Arsace II, roi des Parthes, enlève la Médie à Antiochus, 11, 91. Il s'accommode avec Antiochus , 96 ; 109.

Arsame , fils naturel d'Artaxerxe-Mnémon , est assassiné par son frère Ochus, 7 , 420.

Arsès, règne en Perse après la mort d'Ochus , 7, 476.

Arsinoé , fille de Ptolémée Lagus, est mariée à Lysimaque roi de Thrace, 10, 25. Après la mort de ce prince elle épouse son frère Céraunus, 104.

Arsinoé, autre fille de Ptolémée Lagus, épouse son frère Ptolémée Philadelphe , 10, 197. Mort de cette princesse, 218.

Arsinoé, sœur et femme de Ptolémée Philométor, 10, 402. Sa mort, 412.

Arsinoé, fille de Ptolémée Aulète : jugement de César en sa faveur, son règne et sa mort, 13 , 389 *et suiv.*

Arsite, satrape de Phrygie, est cause de la défaite

des Perses au Granique, 8, 232. Il se tue de désespoir, 238.

Artabane, oncle de Phraate, se fait couronner roi des Parthes, et est tué peu de temps après, 12, 475; 13, 210.

Artabane, frère de Darius, tâche de détourner ce prince de son entreprise contre les Scythes, 4, 27. Il est pris pour arbitre entre les deux fils dé Darius, 105. Sage discours qu'il tient à Xerxès sur le dessein que ce prince avait de porter la guerre contre la Grèce, 116.

Artabane, Hyrcanien, capitaine des gardes de Xerxès, 4, 269.

Artabazane, après la mort de Darius, entre en dispute avec Xerxès pour le trône de Perse, 4, 104. C'est lui qui a régné le premier dans le Pont, 13, 202.

Artabazane, roi des Atropatiens, se soumet à Antiochus, 10, 380.

Artabaze, seigneur persan, et officier dans l'armée de Mardonius, 4, 206. Xerxès lui donne le commandement des côtes de l'Asie mineure, et dans quelle vue, 243. Il soumet les Egyptiens révoltés contre Artaxerxe, 4, 308.

Artabaze, gouverneur d'une des provinces d'Asie pour Ochus, se révolte contre ce prince, 7, 433. Il rentre en grace auprès d'Ochus, 475. Sa fidélité envers Darius, 8, 444. Alexandre l'établit gouverneur de Pétra Oxiana, 9, 30.

Artagerse, officier d'Artaxerxe-Mnémon, est tué à la bataille de Cunaxa, 5, 356.

Artaïnte, nièce de Xerxès, passion violente de ce prince pour elle, 4, 227.

Artapherne, gouverneur de Sardes pour son frère Darius, veut contraindre les Athéniens de rétablir Hippias, 3, 382 *et suiv.*

Artapherne, ambassadeur d'Artaxerxe auprès des Lacédémoniens, 5, 46.

Artarius, frère d'Artaxerxe-Longuemain, 4, 314.

Artaxerxe I, surnommé Longuemain, monte sur le trône de Perse, 4, 270 *et suiv.*

Artaxerxe II, surnommé *Mnémon* est sacré Roi de Perse, 5, 291. Il marche contre Cyrus qui venait pour le détrôner, 340. Il ne peut contraindre les Grecs qui étaient dans l'armée de son frère à se rendre, 359. Il fait mourir Tissapherne, 473. Il conclut un traité avec les Grecs, 6, 15. Il attaque Evagore, roi de Cypre, 24. Il juge l'affaire de Téribaze, 37. Expédition d'Artaxerxe contre les Cadusiens, 39. Il envoie un ambassadeur en Grèce pour en concilier les peuples, 7, 344. Il entreprend de réduire l'Egypte, 400. Mort de ce prince 420.

Artavasde, roi d'Arménie, 13, 113.

Artaxias, roi d'Arménie, 12, 64.

Artémidore est revêtu de la souveraine autorité à Syracuse, 13, 467.

Artémidore, philosophe, 16, 440.

Artémise, reine d'Halicarnasse, fournit des troupes à Xerxès contre la Grèce, 4, 143. Son courage dans la bataille de Salamine, 184.

Artémise, femme de Mausole, règne dans la Carie après la mort de son mari, 7, 453.

Artémise, promontoire de l'Eubée, 4, 168.

Artémon, Syrien. Rôle que lui fait jouer Laodice, 10, 228.

Artémon, ingénieur, 4, 409.

Aristone, femme de Darius, 3, 470.

Artoxare, eunuque de Darius Nothus, 5, 57.

Artyphius, fils de Mégabyse, se révolte contre Ochus, 5, 53.

Arymbas, roi d'Epire, 8, 104; 9, 251.

Asa, roi de Juda, défait l'armée de Zara, roi d'Ethiopie, 1, 286.

Asarhaddon monte sur le trône d'Assyrie, 2, 328. Sa mort, 330.

Asclépiade de Bithynie, de rhéteur se fait médecin, 17, 337.

Asdrubal, gendre d'Amilcar, commande en Espagne l'armée des Carthaginois, 2, 31.

Asdrubal, surnommé Calvus, prisonnier en Sardaigne par les Romains, 2, 111.

Asdrubal, frère d'Annibal, commande les troupes d'Espagne après le départ de son frère, 2, 43. Il reçoit ordre de Carthage de passer en Italie au secours de son frère, 110. Il perd une grande bataille et est tué dans le combat, 122.

Asdrubal, fils de Gisgon, commandant des troupes carthaginoises en Espagne, 2, 124.

Asdrubal, surnommé Hœdus, est envoyé à Rome par les Carthaginois pour demander la paix, 2, 139.

Asdrubal, petit-fils de Massinissa, commande dans Carthage pendant le siège de cette ville par Scipion, 2, 200. Un autre Asdrubal le fait périr, 210.

Asdrubal, général carthaginois, est condamné, 2, 185. Les Carthaginois le nomment général des troupes de dehors pendant le siège de leur ville, 200 *et suiv.*

Asie. Description géographique de l'Asie, 2, 268 *et suiv.* Elle est regardée comme le berceau des sciences, 3, 205.

Asmonéens : durée de leur règne en Judée, 13, 104.

Aspasie, célèbre courtisane, 4, 374. Elle épouse Périclès, 392 ; 16, 10. L'étendue de son savoir l'a fait mettre au nombre des sophistes, 4, 391 ; 16, 9.

Aspic, animal dont la morsure est venimeuse, 15, 192.

Aspis, intendant pour Artaxerxe, se révolte contre ce prince, 6, 47.

Assur, fils de Sem, qui a donné son nom à l'Assyrie, 2, 262.

Assyriens, premier empire des Assyriens, 2, 275 *et suiv.* Renversement du second empire des Assyriens par Cyrus, 3, 43.

Aster, d'Amphipolis, crève un œil à Philippe, 8, 61.

Astrologie judiciaire. Fausseté de cette science, 3, 219.

Astronomie. Son origine, 17, 393. Peuples qui s'y sont appliqués les premiers, 1, 24; 3, 216. Réflexions sur l'astronomie, 17, 441.

Astyage, roi des Mèdes, appelé dans l'Ecriture Assuérus, 2, 351. Il fait venir à sa cour Cyrus, son petits-fils, 382.

Astymède, députéà Rome par les Rhodiens, 12, 277.

Asychis, roi d'Egypte, auteur de la loi sur les emprunts, 1, 284. Fameuse pyramide bâtie par son ordre, *ibid.*

Athéas, roi des Scythes, est vaincu par Philippe, 8, 130.

Athénée, général d'Antigone, 9, 409.

Athénée, frère d'Eumène, ambassadeur à Rome, 11, 442.

Athénée, intendant d'Antiochus en Judée et en Samarie, 12, 48.

Athénée, philologue, 15, 331.

Athénées ou Panathénées, fètes célébréesà Athènes, 6, 314.

Athènes, *Athéniens*. Fondation du royaume d'Athènes, 1, 276; 3, 284. Pisistrate, tyran d'Athènes, 364. Elle recouvre sa liberté, 377. Les Athéniens, jointes aux Isniens, brûlent la ville de Sardes, 4, 57 *et suiv.* Attaqués par Xerxès, ils

choisissent pour général Thémistocle, 151. Ils cèdent aux Lacédémoniens l'honneur du commandement de la flotte, 155. Ils contribuent beaucoup à la victoire navale remportée à Artémise, 169. Athènes est brûlée par les Perses, 177. Bataille de Salamine, 178. Ils abandonnent leur ville une seconde fois, 200. Ils rétablissent les murailles de leur ville, 231. Le commandement général de la Grèce passe aux Athéniens, 245. Sous la conduite de Cimon, ils remportent une double victoire sur les Perses près du fleuve Eurymédon, 4, 299. Ils soutiennent les Égyptiens dans leur révolte contre les Perses, 308. Semences de division entre Athènes et Sparte, 341 *et suiv*. Commencement de la guerre du Péloponèse, 447 *et suiv*. Défaite des Athéniens près d'Amphipolis, 5, 71. Traité de paix avec les Lacédémoniens, 89 *et suiv*. Ils recommencent la guerre contre Sparte, nomment pour commandans Alcibiade, Nicias et Lamachus, 129. Ils sont abandonnés de leurs alliés, 209. On ménage le retour d'Alcibiade à Athènes, 219. Quatre cents hommes y sont revêtus de toute l'autorité, 225. Ils sont cassés, 231. Alcibiade est rappelé, *ib. et suiv*. Athènes, assiégée par Lysandre, capitule et se rend. 5, 289. Cette ville est assujétie par Lysandre à trente tyrans, 293. Elle recouvre sa liberté, 324. Conon en rétablit les murailles, 6, 9. Les Athéniens donnent du secours aux bannis de Thèbes, 7, 287. Ils renouvellent l'alliance avec les Thébains, 307. Ils se déclarent contre ceux-ci pour les Lacédémoniens, 312. Révolte de plusieurs alliés d'Athènes, 433. Les préparatifs de guerre que faisait le roi de Perse alarment les Athéniens, 445. Ils envoient du secours aux Mégalopolitains, puis aux Rhodiens, 452. Ils se laissent endormir par Philippe, 8, 55. Démosthène tâche de les tirer de leur

assoupissement, 67, 92. Athènes prend le parti des Lacédémoniens contre Philippe, 107 *et suiv.* Ils perdent une bataille à Chéronée, font la paix avec Philippe, 149. Joie démesurée d'Athènes à la mort de ce prince, 169. Ils forment une ligue contre Alexandre, 209. Leur conduite à l'égard d'Harpalus, 9, 146. Mouvemens des Athéniens sur la nouvelle de la mort d'Alexandre, 9, 271. Ils marchent contre Antipater, 275 *et suiv.* Prise d'Athènes par Démétrius Poliorcète, 425. Honneurs excessifs que les Athéniens rendent à Antigone et à son fils Démétrius, 429. Athènes assiégée par Cassandre, et délivrée par Démétrius, 10, 8. Athènes ferme ses portes à Démétrius, 24. Prise de cette ville par ce prince, 33. Athènes se déclare contre Antigone Gonatas, 195. Ils portent leurs plaintes à Rome contre Philippe, 11, 119. Décrets d'Athènes contre Philippe, 137. Elle envoie en ambassade à Rome trois célèbres philosophes, 12, 312. Prise d'Athènes par Archélaüs, 13, 217. Aristion se rend tyran de cette ville, 218. Gouvernement d'Athènes, 9, 197.

Athénion, courtisan de Ptolémée Évergète, va à Jérusalem par ordre de ce prince, 10, 247.

Athénis, sculpteur, 3, 391 ; 14, 341 ; 16, 62.

Athénodore, sculpteur, 14, 377.

Athlètes : étymologie de ce mot ; leurs exercices, 11, 127.

Athos, montagne célèbre de Macédoine, 4, 127 ; 9, 162 ; 14, 314.

Atome, signification de ce mot, 17, 291.

Atossa, femme d'Artaxerxe Mnémon, 7, 419.

Atosse, fille de Cyrus, et femme de Cambyse, puis de Smerdis le Mage, 3, 130. Elle épouse en dernier lieu Darius, 470 *et suiv.*

Atrée, fils de Pélops, roi de Mycènes, 3, 284.

Atropate, officier d'Alexandre ; provinces qui lui

échurent après la mort de ce prince, 9, 265.

Attale I, roi de Pergame, 9, 246; 10,242. Guerre entre ce prince et Séleucus, 10, 273 *et suiv.* Il se joint aux Romains dans la guerre contre Philippe, 11, 22 *et suiv.* Il remporte plusieurs avantages sur ce prince, 106. Il meurt, 171.

Attale II, surnommé Philadelphe, engage les Achéens à révoquer le décret qu'ils avaient porté contre son frère, 12, 167. Il vient à Rome en ambassade, 270. Il règne en Cappadoce en qualité de tuteur d'Attale, son neveu, 306. Guerre entre lui et Prusias, 308. Sa mort, 456.

Attale III, surnommé Philométor, va à Rome, et dans quelle vue, 12, 310. Il monte sur le trône de Cappadoce après la mort de son oncle, et le fait regretter par ses vices, 457. Il meurt, et laisse par son testament le peuple romain héritier de ses États, 459.

Attale, Syracusain, découvre à Epicyde les intelligences que Marcellus entretenait dans Syracuse, 14, 71.

Attale, lieutenant de Philippe, est envoyé par ce prince dans l'Asie mineure, 8, 162. Alexandre le fait assassiner, 211.

Atteius, grammairien latin, 15, 341.

Attique, divisée par Cécrops en douze cantons, 3, 285.

Attius, poète latin, 16, 91.

Atyades, descendans d'Atys, 2, 374.

Atys, fils de Crésus; bonnes qualités de ce jeune prince, 2, 390.

Auges, sorte de supplice en usage chez les Perses, 4, 277.

Augures : puérilités de cette science, 6, 334.

Aviénus, poète latin, 16, 203.

Aulu Gelle, philologue, 15, 378.

Avocat. Eloge de cette profession, 17,251.

Aura, nom de la cavale de Phidolas, 6, 430.

Aurèle Victor, historien latin, 16, 360.

Ausone, poète latin, 16, 192.

Autophradate, gouverneur de Lydie pour Artaxerxe Mnémon, est chargé par ce prince de faire la guerre à Datame, 6, 51. Il se joint aux provinces d'Asie dans leur révolte contre Artaxerxe, 7, 415.

Axiochus, Athénien, prend la défense des généraux condamnés à mort après le combat des Arginuses, 5, 276.

Axithéa, femme de Nicoclès, se donne la mort, 9, 400.

Azarias, un des trois Hébreux conservés miraculeusement au milieu des flammes, 2, 339.

Azot, ville de Palestine, 1, 298.

B

Babel, description de cette tour, 1, 304.

Babylone, Babyloniens, fondation de la ville de Babylone, 2, 277. Description de cette ville, 219. Rois de Babylone, 320. Durée de son empire, 349; 3, 45. Siège et prise de cette ville par Cyrus, 39. Elle se révolte contre Darius, 4, 5. Ce prince la fait rentrer sous sa domination, 9. Alexandre se rend maître de Babylone, 8, 223. Destruction de Babylone prédite en différens endroits de l'Ecriture, 3, 30 *et suiv.*

Bacchidas, eunuque de Mithridate, 13, 275.

Bacchide, gouverneur de Mésopotamie sous Antiochus Epiphane et Démétrius Soter, est défait en plusieurs rencontres par Judas Machabée, 14, 73; 409.

Bacchis, dont les descendans ont régné à Corinthe, 3, 289.

Bacchus : fêtes établies à Athènes en son honneur, 6, 319.

Bacchylide, poète grec, 4 ; 415 ; 16, 70.

Bactriane, province dans l'Asie supérieure, 2, 270.

Bætique, partie de l'ancienne Espagne, 1, 383.

Bagoas, eunuque d'Ochus, commande un détachement durant l'expédition de ce prince contre l'Égypte, 7, 468. Il empoisonne Ochus, 474. Il met Arsès sur le trône de Perse, 476 *et suiv.*

Bagophane, gouverneur de la forteresse de Babylone, 8, 416.

Bagoraze, eunuque d'Artaxerxe, est mis à mort par ordre de Xerxès, 5, 50.

Baléares, îles : pourquoi ainsi appelées, 1, 383.

Baliste, machine de guerre en usage chez les anciens, 15, 257.

Baltasar, roi de Babylone, appelé aussi Labynit ou Nabonid, 2, 347. Il est assiégé dans Babylone par Cyrus, 3, 39. Il donne un grand festin à toute sa cour la nuit même de la prise de cette ville, 40. Il est tué dans son palais, 45.

Bannis, nom donné aux citoyens que Nabis chasse de Sparte, 11, 86. Soutenus par les Achéens, ils font souffrir aux Spartiates un cruel traitement, 364. Ils se portent à Rome pour accusateurs contre les Achéens, 403.

Barsine, femme d'Alexandre, 9, 268.

Bastarnes, peuples de la Sarmatie européenne ; leur caractère, 5, 3.

Bastonade, punition militaire chez les Romains, 15, 223.

Batailles et *combats* célèbres dans l'histoire : près des côtes de Myle, 1, 452 ; 15, 300. Près d'Ecnome, 1, 453 ; 15, 301. Du Tésin, 2, 63. De la Trébie, 68. De Thrasymène, 77. De Cannes, 92. De Zama, 131. De Thymbrée, 466. De Marathon,

4, 86. Des Thermopyles , 156. D'Artémise , 168.
De Salamine , 178. De Platée , 196. De Mycale ,
222. Du fleuve Eurymédon , 298. Des Arginuses, 5,
262. D'Ægospotamos, 282. De Cunaxa, 350. De Leuctres , 7, 319. De Mantinée , 376. De Chéronée , 8,
147. Du Granique , 233. D'Issus , 271. D'Arbelles,
376. De l'Hydaspe , 9, 73. D'Ipsus , 10 , 16. De
Sélasie , 351. De Raphia , 401. De Caphyes , 417.
D'Élis , 11, 28. D'Octolophe, 132. De Cynoscéphales , 175. Des Thermopyles , 284. Du mont Cory-
que , 296. D'Elée, 301. De Myonnèse, 306. De Magnésie, 315. D'Emmaüs, 12, 67. De Bethsura , 74.
De Pydna , 221. De Leucopétra , 344. De Cabires ,
13, 275. D'Arsamia, 311. D'Actium, 435.

Bataillon sacré des Thébains, 7, 311.

Bâtards. Loi à Athènes contre les bâtards, 4, 479.

Bathylle, pantomime fameux, 10, 39.

Bâtimens célèbres dans l'antiquité, 14, 24 *et suiv.*

Batrachus, sculpteur, 14, 354.

Bébius, commande les Romains en Etolie, 12, 286.

Bel, divinité adorée chez les Assyriens ; temple
élevé en son honneur, 2, 298.

Belgius, à la tête des Gaulois, fait une irruption
dans la Macédoine , 10, 106. Il défait Céraunus, et
est défait lui-même bientôt après , 108.

Bélier, machine de guerre en usage chez les anciens, 15, 259.

Bélus, nom donné à Aménophis, 2, 29 ; à Nemrod, 2 , 278.

Béotarque, première dignité à Thèbes, 7, 292.

Béotie, partie de la Grèce , 3 , 271.

Bérénice, femme de Ptolémée Soter ; son crédit
sur l'esprit de son mari, 10, 32 , 56.

Bérénice, fille de Ptolémée Philadelphe , épouse
Antiochus Théus, 10, 211. Antiochus la répudie ,
227. Laodice la fait mourir, 2 19.

Bérénice, femme de Ptolémée Evergète, 10, 233. Ptolémée Philopator la fait mourir, 394.

Bérénice, fille de Ptolémée Aulète, règne en Egypte pendant l'absence de son père, 13, 362. Elle épouse Séleucus Cybiosacte, puis le fait mourir, 374. Elle épouse Archélaüs, *ib.* Ptolémée la fait mourir, 377.

Bérénice, femme de Mithridate, 13, 272. Mort funeste de cette princesse, 273.

Bernoulli frères, célèbres géomètres, 17, 379.

Bérose, historien, 10, 203.

Bessus, chef des Bactriens, trahit Darius et le charge de chaînes, 8, 440.

Bestia (*Calpurnius*) est envoyé par les Romains contre Jugurtha, 2, 251.

Bestiaux. Nourriture des bestiaux chez les anciens, 14, 168.

Béthulie, ville d'Israël ; siège de cette ville par Holopherne, 2, 364.

Bias, l'un des sept sages de la Grèce, 3, 304.

Bibliothèques fameuses dans l'antiquité: à Alexandrie, 1, 192 ; 10, 60 ; à Athènes, 3, 271 ; à Pergame, 12, 307.

Bibliothèque du roi, établie par Louis XIV ; 16, 35.

Biblos, ville de Phénicie, 8, 303.

Bibulus (*M. Calpurnius*) est nommé par les Romains pour commander en Syrie après la défaite de Crassus par les Parthes, 13, 164.

Bien. Souverain bien: sentimens des anciens philosophes sur le souverain bien, 17, 177. Sentimens d'Epicure, 181 ; des stoïciens, 194 ; des péripatéticiens, 208.

Bisaltes, peuple de Thrace ; action de valeur d'un de leurs rois, 4, 157.

Bithynie, province de l'Asie mineure, 2, 271.

Rois de Bithynie, 9 , 244. Elle passe au pouvoir de Mithridate , 13 , 215. Elle est réduite en province romaine , 37 , 262.

Biton et *Cléobis*, d'Argos , modèles de l'amitié fraternelle , 2, 383.

Blé. Pays célèbres chez les anciens pour l'abondance du blé , 14, 140. Manière dont les anciens le conservaient , 146.

Bocchus, roi des Maures , et beau-père de Jugurtha , 2, 256.

Boèce , poète latin, 16, 204.

Bogès, gouverneur d'Éione, 4, 290.

Bolis, Crétois. Sa ruse et sa trahison envers Achéus , 10 , 408.

Bomilcar, général carthaginois, se rend tyran de Carthage, 1 , 436.

Bosphore Cimmérien , pays de la domination de Mithridate, 13, 340.

Bostar, commandant des Carthaginois en Sardaigne , est égorgé par les mercénaires, 2, 24.

Botanique : en quoi consiste cette science , 17, 108. A quel degré de perfection M. de Tournefort l'a portée , 113.

Bouclier, arme défensive des anciens, 15, 132.

Boussole : utilité de cette découverte, 14, 117.

Brachmanes, philosophes indiens , 9, 92.

Branchides, famille de Milet , établie par Xerxès dans la haute Asie , et détruite par Alexandre le Grand, 8, 493.

Brasidas, chef des Lacédémoniens, se distingue au siège de Pyle , 5 , 36. Ses expéditions dans la Thrace, 61. Il reçoit une blessure dont il meurt, 71.

Brèches : de quelle manière les anciens réparaient les brèches, 15, 275.

Brennus, chef des Gaulois, fait une irruption dans la Pannonie, 10, 106

Briaxis, sculpteur, 14, 374.

Brique, fort employée par les anciens dans leurs bâtimens, 14, 278.

Bronze: description de ce métal, 14, 210.

Bruchon, quartier de la ville d'Alexandrie, 13, 392.

Buccinum, petit animal dont on tirait la couleur pourpre, 14, 252.

Bucéphale, cheval de bataille dompté par Alexandre, 8, 203.

Bucéphalie, ville bâtie par Alexandre, 9, 88.

Bupale, sculpteur célèbre par le portrait d'Hipponax, 3, 391.

Busiris, roi d'Egypte, 1, 259.

Busiris, frère d'Aménophis, célèbre par sa cruauté, 1, 276.

Byblos, ville de l'île de Prosopitis, 4, 309.

Byrsa, nom de la citadelle de Carthage, 2, 207.

Byssus, plante d'Egypte : sa description et son usage, 1, 246.

Byzance, ville de Thrace, délivrée par les Grecs de la puissance des Perses, 4, 242. Elle se soumet aux Athéniens, 5, 238. Siège de Byzance par Philippe, 8, 120. Guerre entre les Byzantins et les Rhodiens, 10, 390.

Cabires, ville d'Asie, célèbre par la victoire de Luculle sur Mithridate, 13, 275.

Cadix, ville d'Espagne, 1, 383.

Cadmus, Phénicien, s'empare de la Béotie, et y bâtit Thèbes, 3, 286.

Cadusiens, peuple d'Assyrie ; ils se soumettent à Cyrus, 2, 455. Révolte des Cadusiens contre Artaxerxe, 6, 39.

Cadytis, nom donné par Hérodote à la ville de Jérusalem, 1, 304.

Cœréphon, disciple de Socrate, 6, 74.

Caïn, fondateur de la première ville dont il soit parlé dans l'histoire, 14, 281.

Caïne, ville du Pont, enlevée à Mithridate par Pompée, 13, 344.

Caire, château fameux bâti en Egypte, 1, 149.

Calamine ou *cadmie*, minéral qui sert à teindre le cuivre rouge en jaune, 14, 209.

Calanus, philosophe indien, se rend à la cour d'Alexandre, 9, 99. Il meurt volontairement sur un bûcher, 137.

Calcidée, au nom de Lacédémone, conclut un traité avec Tissapherne, 5, 211.

Calcul des infiniment petits, 17, 381.

Caldéens, adonnés à l'étude de l'astrologie judiciaire, 3, 233.

Calendrier grégorien, 17, 411.

Caligula, mauvais goût de cet empereur, 16, 135.

Callas, fils d'Harpalus, officier dans l'armée d'Alexandre, 8, 228.

Callias, citoyen d'Athènes, est appelé en jugement à cause d'Aristide, 4, 261. Il est nommé plénipotentiaire d'Athènes auprès d'Artaxerxe, 345.

Callias, architecte, supplante Diognète, 14, 318.

Callibius, Spartiate, est établi par Lysandre gouverneur de la citadelle d'Athènes, 5, 283.

Callicrate, Spartiate, tue Epaminondas à la bataille de Mantinée, 7, 381.

Callicrate, député à Rome par les Achéens, les trahit, 11, 429. Il défère aux Romains tous les Achéens, qui avaient paru favorables à Persée, 12, 293.

Callicratidas, succède à Lysandre dans le commandement de la flotte des Lacédémoniens, 5, 256.

Callimaque, polémarque à Athènes, se joint au parti de Miltiade, 4, 84.

Callimaque, commandant d'Amisus pour Mithridate, 13, 278.

Callimaque, architecte, inventeur de l'ordre corinthien, 14, 289.

Callimaque, grammairien grec, 15, 326.

Callimaque, de Cyrène, poëte élégiaque, 16, 76.

Callinus, poëte élégiaque, 16, 75.

Callipe, athénien, assassine Dion, et s'empare de la tyrannie à Syracuse, 7, 145.

Callisthène, philosophe attaché à la suite d'Alexandre, 9, 47. Ce prince le fait mourir, 51.

Callixène, orateur d'Athènes, accuse faussement les généraux athéniens dans le sénat, 5, 270.

Calomniateurs. Punition des calomniateurs en Egypte, 1, 201. Loi de Charondas contre les calomniateurs, 4, 436. La calomnie représentée dans un tableau par Apelle, 14, 440.

Calphurnia, seconde femme de Pline le Jeune ; son goût pour les belles-lettres, 16, 463.

Calpurnius (Titus), poëte latin, 16, 439.

Calvine, dame romaine ; générosité de Pline à son égard, 16, 478.

Calvinus (Domitius), commandant en Asie pour César, 13, 392.

Cambyle, capitaine dans les troupes d'Antiochus, trahit Achéus et le livre à Antiochus, 10, 408.

Cambyse, père de Cyrus, roi de Perse, 2, 400.

Cambyse, fils de Cyrus, monte sur le trône de Perse, 3, 107. Il porte la guerre en Egypte, 108, dont il se rend maître, 110. Expédition de ce prince contre l'Ethiopie, 112. Il pille en revenant les temples de la ville de Thèbes, 116. Il se prépare à marcher contre Smerdis le mage, qui s'était emparé du trône, 126. Il meurt d'une blessure qu'il s'était faite à la cuisse, 127.

Camisare, Carien, gouverneur de la Léucosyrie, périt dans l'expédition d'Artaxerxe contre les Cadusiens, 6, 44.

Camp : construction et fortification du camp chez les anciens, et principalement chez les Romains, 15, 159. Disposition du camp des Romains, selon Polybe, 166.

Cananéens : origine de ces peuples, 1, 259.

Candaule, roi de Lydie, 2, 373.

Canidius, lieutenant-général d'Antoine, 13, 425.

Canne, ville de l'Apulie, célèbre par la victoire d'Annibal sur les Romains, 2, 92.

Caphis, Phocéen, ami de Sylla, est envoyé à Delphes par ce général pour en recevoir les trésors, 13, 220.

Caphyes, ville du Péloponèse, connue par la défaite d'Aratus, 10, 417.

Capoue, ville d'Italie, quitte le parti des Romains et se soumet à Annibal, 2, 105. Elle est assiégée par les Romains, 112.

Cappadoce, province de l'Asie mineure, 2, 272. Rois de Cappadoce, 9, 249. Elle est réduite en province romaine, 13, 197.

Caracalla, empereur romain; sa cruauté, 16, 237.

Caractère : ce que c'est en terme de peinture, 14, 389.

Caranus premier roi de Macédoine, 6, 289.

Carbon. Injustices qu'il commettait à Rome, 13, 242.

Cardie, ville de Chersonèse, 8, 100.

Caridème, Oritain de naissance, est banni d'Athènes, 8, 217. Sa sincérité cause de sa mort, 265.

Carie, province de l'Asie mineure, 2, 271.

Carmanie, province de Perse 9, 126.

Carnéade, philosophe, fondateur de la nouvelle académie, 17, 59. Ambassade de Carnéade à Rome, 12, 305.

Carres, ville célèbre par la défaite de Crassus, 13, 148.

Cartel, pour le rachat des prisonniers de guerre, 15, 220.

Carthage. Carthaginois. Fondation de Carthage, 1, 374. Conquêtes des Carthaginois en Afrique, 379. En Sardaigne, 381. Ils passent en Espagne, 383, et en Sicile, 389. Premier traité entre Rome et Carthage, 391. Les Carthaginois font alliance avec Xerxès, 392; 4, 126. Ils sont défaits en Sicile par Gélon, 1, 393. Ils s'emparent de plusieurs places en Sicile sous la conduite d'Annibal, 397. Guerre entre les Carthaginois et Denys, 402. Ils assiègent Syracuse, 406. Ils sont défaits par Denys, 409; 7, 29. La peste se répand dans Carthage, 1, 414. Second traité entre les Romains et les Carthaginois, 415. Ils sont défaits par Timoléon, 417. Guerre des Carthaginois contre Agathocle, d'abord en Sicile, 423, puis en Afrique, 427. Ils soutiennent la guerre en Sicile contre Pyrrhus, 10, 160. Ils sont appelés au secours des Mamertins, 210. Ils sont vaincus sur mer, d'abord près des côtes de Myle, 216; puis près d'Ecnome, 217. Ils ont la guerre à soutenir en Afrique contre Régulus, 219. Supplice qu'ils font souffrir à ce général, 233. Ils perdent une bataille navale à la vue de la Sicile, 234. Ils font un traité de paix avec les Romains, 245. Guerre que les Carthaginois ont à soutenir contre les mercenaires, 2, 5. Les Carthaginois sont obligés d'abandonner la Sardaigne aux Romains, 24. Ils assiègent et prennent Sagonte, 37. Ils remportent plusieurs victoires sur les Romains, près du Tésin, 63. Ils perdent plusieurs batailles en Espagne, 91. Ils remportent près de Cannes une célèbre victoire sur les Romains, 92. Mauvais succès des Carthaginois, 111. Ils sont attaqués en Afrique par les Romains, 126. Ils sont entièrement défaits près de Zama, 135. Troisième guerre

entre les Carthaginois et les Romains, 184. Carthage envoie des députés à Rome pour déclarer qu'elle s'abandonne à la discrétion des Romains, 191. Ceux-ci ordonnent aux Carthaginois d'abandonner leur ville, 195 Les Carthaginois prennent la résolution de se défendre, 200. Les Romains forment le siège de Carthage, 201. Elle est prise et détruite, par Scipion, 220. Elle est rebâtie par César Auguste, 226. Les Sarrasins la détruisent entièrement, 227. Carthage formée sur le modèle de Tyr, 1, 324. Religion des Carthaginois, 326. Gouvernement des Carthaginois, 336. Défaut du gouvernement de Carthage, 346. La justice et les finances réformées par Annibal, 2, 147. Sage coutume des Carthaginois d'envoyer des colonies en divers pays, 1, 349. Découverte des mines d'or et d'argent en Espagne par les Carthaginois, 352. Puissance militaire de Carthage, 356. Les sciences et les arts y ont été peu en honneur, 362. Caractère, mœurs, qualités des Carthaginois, 388.

Carthagène, ville d'Espagne, 5, 31.

Carthalon, commandant des troupes auxiliaires chez les Carthaginois, 2, 185.

Casque, arme défensive des anciens, 15, 130.

Cassandre, chef des Thraces et des Péoniens dans l'armée d'Alexandre, 8, 228.

Cassandre, fils d'Antipater, 9, 175. Provinces qui lui échurent après la mort d'Alexandre, 265. Il s'empare d'Athènes, 386. Il fait mourir Olympias, 407. Il rétablit la ville de Thèbes, 408. Il entre dans une ligue formée contre Antigone, 441. Il fait mourir le jeune roi Alexandre avec Roxane, sa mère, 456. Il assiège Athènes, dont Démétrius Poliorcète s'était emparé, 10, 8. Cassandre conclut une ligue contre Antigone et Démétrius, 13. Après la bataille d'Ipsus, il partage avec trois autres

princes l'empire d'Alexandre le Grand, 19. Mort de Cassandre, 29.

Cassandre, Macédonien, massacre par ordre de Philippe les habitans de Maronée, 11, 406.

Cassini (*de*). Son traité sur l'astronomie, 17, 393.

Cassius (*Lucius*), général romain, est défait par Mithridate, 13, 213.

Cassius, questeur de l'armée de Crassus dans la guerre contre les Parthes, 13, 126. Il est entièrement défait par Antoine, 405.

Catapulte, machine de guerre en usage chez les anciens, 15, 257.

Cataractes du Nil, 1, 166.

Cathéens, peuple des Indes, soumis par Alexandre, 9, 91.

Caton (*M. Porcius*), surnommé le Censeur, sert en qualité de lieutenant-général sous le consul Acilius, 11, 20. Il parle dans le sénat en faveur des Rhodiens, 12, 280. Caton est mis au rang des historiens, 16, 292; et des orateurs, 405. Détail dans lequel entrait Caton lorsqu'il était à la tête d'une armée, 15, 75.

Caton, fils du précédent, fait des prodiges de valeur à la bataille de Pydna, 12, 233.

Caton d'Utique, portrait de ce Romain, 16, 483.

C. Caton, tribun du peuple, s'oppose au rétablissement de Ptolémée, 13, 366.

Catulle, poete latin, 16, 120.

Cavale de Phidolas, 6, 410.

Cavalerie des anciens, 15, 139.

Cavaliers, terme de fortification, 15, 269.

Caustique, sorte de peinture employée chez les anciens, 14, 406.

Cébalinus découvre la conspiration de Dymnus formée contre Alexandre, 8, 474.

Cécilius, poète latin, 16, 89.

Cécrops, fondateur d'Athènes, 3, 284.

Célènes, ville de Phrygie, célèbre par la rivière de Marsias, 8, 249.

Céleste, ou la Lune, divinité des Carthaginois, 1, 329.

Célésyrie, province de l'Asie mineure, 2, 273.

Celsus (*Cornélius*), médecin, 17, 341.

Cendébée, général d'Antiochus Sidète, est vaincu en Judée par Judas et Jean, 12, 448.

Cendre. Supplice de la cendre chez les Perses, 5, 52.

Censorinus (*L. Marcius*), consul, marche contre Carthage, 2, 190 *et suiv.*

Claudius Cento, officier romain, est envoyé par Sulpicius au secours d'Athènes, 11, 121.

Centurie. Quelle était la centurie chez les Romains, 15, 91.

Céramique, faubourg d'Athènes, 4, 462.

Cérasonte, ville de Cappadoce, célèbre par ses cerisiers, 5, 400 ; 13, 328.

Cérès, déesse. Fêtes établies à Athènes en son honneur, 6, 323.

Céréthrius, un des chefs gaulois qui firent irruption dans la Grèce, 10, 106.

César (*Jules*). Sa puissance à Rome, 10, 319 *et suiv.*

César Octavien, surnommé depuis Auguste, se joint à Antoine et Lépide pour venger la mort de César, 13, 405. Il se brouille avec Antoine, 421. Il remporte sur lui une grande victoire près d'Actium, 435. Il passe en Egypte, 441. Il assiège Alexandrie, et s'en rend maître, 442. Il entre dans Alexandrie, 449.

Césarion, fils de J. César et de Cléopâtre, 13, 401. Il est proclamé roi d'Egypte conjointement avec sa mère, 424.

Cestes, armes offensives des athlètes, 6, 381.

Cetthim, fils de Javan et père des Macédoniens 3, 278.

Chabrias, Athénien, accepte, sans ordre de la république, le commandement des troupes auxiliaires de Grèce, qui étaient à la solde d'Achoris, 7, 401. Il se donne de nouveau à Tachos sans l'aveu de sa république, 408. Les Athéniens l'emploient dans la guerre contre leurs alliés, 433. Il meurt au siège de Chio, 436. Éloge de Chabrias, 434.

Chalcis, ville d'Étolie, 3, 271.

Cham, fils de Noé, honoré en Afrique sous le nom de Jupiter Ammon, 1, 258.

Chameaux, à quoi ils étaient utiles dans une armée, 14, 296; 15, 142.

Chapiteau, terme d'architecture, 14, 299.

Charès, un des chefs employés par les Athéniens dans la guerre des alliés, 7, 438. Il est rappelé à Athènes, 431. Il est envoyé au secours de la Chersonèse, 8, 108. Il est vaincu à Chéronée par Philippe, 147.

Charès, de Lindus, construit le colosse de Rhodes, 9, 478.

Charilaüs, élevé au trône de Sparte par Lycurgue, 3, 301, 448.

Chariots armés de faux, 3, 193; 15, 140.

Charitimis, général athénien, soutient Inarus dans sa révolte contre les Perses, 4, 308.

Charon. Barque à Charon : origine de cette fable, 1, 224.

Charon, Thébain, reçoit Pélopidas et les conjurés dans sa maison, 7, 291. Il est nommé béotarque, 300.

Charondas est choisi pour législateur à Thurium, 4, 436. Il se tue lui-même pour avoir violé une de ses lois, 439.

Chasse, exercice fort usité chez les anciens, 6, 245.

Chat : vénération des Egyptiens pour cet animal, 3, 109; 13, 377.

Chélidonide, fille de Léotychidas, et femme de Cléonyme, 10, 172.

Chélonide, femme de Cléombrote, 10, 307.

Chéops et *Chéphren*, rois d'Egypte, frères également inhumains et impies, 1, 281.

Chérile, poète grec, qui fut considéré d'Alexandre, 16, 49.

Chéronée, ville de Béotie, 8, 151.

Cheval, de quelle utilité il est pour l'homme, 15, 144.

Chevaliers à Athènes, 11, 200; à Rome, 15, 93.

Chevelure de Bérénice, 10, 234.

Chilon, l'un des sept sages de la Grèce, 3, 402.

Chilon, Lacédémonien, entreprend de monter sur le trône de Sparte, 10, 438.

Chio, île de Grèce, vantée pour son excellent vin, 3, 273.

Chirisophe, Lacédémonien, choisi par les troupes qui firent la retraite des dix mille, pour être leur général, 5, 403.

Chlénéas, député des Etoliens vers Sparte, 11, 22.

Choaspe, fleuve de la Babylonie, 8, 421.

Chœnix, mesure de blé chez les anciens, 5, 37 10, 102.

Chrétiens : leçon pour bien des chrétiens, 9, 170.

Chrysante, commandant dans l'armée de Cyrus à la bataille de Thymbrée, 2, 477.

Chrysippe, philosophe stoïcien, 17, 90.

Chrisostome (S Jean), disciple de Libanius, 16, 29.

Chimie : définition de cet art, 17, 363.

Cicéron (M. Tullius Cicero.) Ses exploits militaires en Syrie, 13, 165. Il fait nommer Pompée général contre Mithridate, 329. Conseil qu'il

donne à Lentulus, 370. Découverte du tombeau d'Archimède par Cicéron, 14, 88. Estime qu'il faisait de Tyrannion, 15, 334. Goût et ardeur de Cicéron pour la philosophie, 17, 155. Ce qu'il pensait sur la nature de l'ame, 304. Il tient le premier rang parmi les rhéteurs, 15, 423; et parmi les orateurs, 16, 421. Parallèle entre Cicéron et Démosthène, 9, 292.

Cilicie, province de l'Asie mineure, 2, 272.

Cilles, lieutenant de Ptolémée, perd une bataille contre Démétrius qui le fait prisonnier, 9, 403.

Cimmériens, peuple de Scythie. Ils sont chassés de leur pays et passent en Asie, 2, 378.

Cimon, fils de Miltiade, signale sa piété envers son père, 4, 98. Il encourage par son exemple les Athéniens à abandonner leur ville et à s'embarquer, 174. Il se distingue à la bataille de Salamine, 190. Il commande avec Aristide la flotte envoyée par les Grecs pour délivrer leurs alliés de la puissance des Perses, 242. Les Athéniens mettent Cimon à la tête de leurs armées après la retraite de Thémistocle, 288. Il fait plusieurs conquêtes, 289 *et suiv.* Les Athéniens le bannissent, 341. Il est rappelé d'exil, 343 *et suiv.* Caractère et éloge de Cimon, 288 *et suiv.*

Cincius, historien latin, 16, 292.

Cinéas, Thessalien, orateur célèbre, attaché à la suite de Pyrrhus, 10, 126. Pyrrhus l'envoie en ambassade à Rome, 138.

Cinna: cruauté qu'il exerçait à Rome, 13, 42.

Cios, ville de Bithynie, 11, 107.

Circulation du sang (découverte de la), 17, 366.

Cithare, instrument de musique en usage chez les anciens, 14, 492.

Claros, ville d'Ionie, célèbre par les oracles d'Apollon, 6, 342.

Classicus (*Cecilius*) est accusé à Rome par les députés de la Bétique, 16, 452. Sa mort, 192.

Claudien, poète latin, 16, 192.

C. Claudius, envoyé des Romains en Achaïe, 12, 291.

Clazomène, ville d'Ionie, 3, 293.

Cléade, Thébain, tâche d'excuser auprès d'Alexandre la rébellion de sa patrie, 8, 14.

Cléandre, lieutenant de roi dans la Médie, assassine Parménion par ordre d'Alexandre, 8, 484.

Cléanthe, philosophe stoïcien, 17, 88.

Cléarque, capitaine lacédémonien, se retire auprès de Cyrus le jeune, 5, 342. Il est mis à la tête des troupes grecques dans l'expédition de ce prince contre son frère Artaxerce, *ib. et suiv.*

Cléobis et *Biton*, frères, modèles de l'amitié fraternelle, 2, 383.

Cléobule, un des sept sages de la Grèce, 3, 408.

Cléocrite, de Corinthe, 4, 213.

Cléombrote, roi de Sparte, marche contre les Thébains, 7, 308 *et suiv.*

Cléombrote, gendre de Léonide, se fait élire roi de Sparte au préjudice de son beau-père, 10, 299. Il est détrôné peu de temps après par Léonide, 309.

Cléomène, gouverneur de l'Égypte, pour Alexandre, 9, 164.

Cléomène, roi de Sparte, refuse de se joindre aux Ioniens dans leur révolte contre les Perses, 4, 52. Il marche contre les Éginètes, les réduit, et meurt peu de temps après, 78 *et suiv.*

Cléomène, fils de Léonide, épouse Agiatis, 10, 315. Il monte sur le trône de Sparte, 318. Il engage la guerre contre les Achéens; il remporte sur eux plusieurs avantages, 320 *et suiv.* Il envoie en Égypte pour otages sa mère et ses enfans, 340. Il s'empare de Mégalopolis, il est vaincu à Sélasie, 342. Mort funeste de Cléomène, 425. Son caractère, 316

Cicon, Athénien, son extraction, 4, 457. Son crédit auprès du peuple, 5, 39 *et suiv.*

Cléon engage les Macédoniens à se prosterner devant Alexandre, 9, 50.

Cléonnis commande les troupes des Messéniens dans la première guerre contre Sparte, 3, 451.

Cléonyme, frustré du trône de Sparte, se retire auprès de Pyrrhus; son histoire, 10, 170 *et suiv.*

Cléopâtre, nièce d'Attalus, épouse Philippe, roi de Macédoine, 8, 163 *et suiv.*

Cléopâtre, fille de Philippe, est mariée à Alexandre, roi d'Épire, 8, 165. Antigone la fait mourir, 9, 417.

Cléopâtre, fille d'Antiochus le Grand, épouse Ptolémée Epiphane, 11, 147. Après la mort de son mari, régente du royaume et tutrice de son fils; mort de cette princesse, 12, 16 *et suiv.*

Cléopâtre, fille de Ptolémée Epiphane, 12, 17. Après la mort de Philométor, son mari, elle épouse Physcon, 427. Ce prince la chasse pour épouser une de ses filles, 476. Elle règne à la place de Physcon, 477.

Cléopâtre, fille de Ptolémée Philométor, est mariée à Alexandre Bala, 12, 420. Elle meurt du poison qu'elle voulait faire prendre à Grypus, son second fils, 487 *et suiv.*

Cléopâtre, fille de Philométor, épouse Physcon; elle règne en Egypte avec son fils Lathyre, 13, 182 *et suiv.* Alexandre la fait mourir, 281.

Cléopâtre, fille de Physcon et femme de Lathyre, est répudiée par son mari, 13, 6 *et suiv.*

Cléopâtre, fille de Ptolémée Aulète, monte sur le trône d'Egypte conjointement avec son frère aîné; son règne jusqu'à sa mort, 13, 379 *et suiv.*

Cléophe, mère d'Assacane, roi des Mazagues, règne après la mort de son fils, 9, 66.

Cléophon, orateur athénien , 5, 236.

Climats. Comment les anciens s'y prenaient pour en connaître la différence, 14, 151.

Clinias, citoyen de Sicyone , est mis à mort par Abantidas, 10, 254.

Clinius, commande les Egyptiens et est tué dans un combat, 7, 469.

Clisthène, tyran de Sicyone, 3, 364.

Clisthène, de la famille des Alcméonides, forme une faction à Athènes, 3, 380.

Clitomaque, philosophe carthaginois, 1, 363; 17, 65.

Clitus, officier dans l'armée d'Alexandre, lui sauve la vie, 8, 237. Alexandre lui donne le gouvernement des provinces d'Artabaze, et le tue le jour même dans un festin, 9, 36.

Clitus, commandant de la flotte d'Antipater, 9, 281. Antigone lui ôte le gouvernement de la Lydie, 328.

Clodius, Romain, est fait prisonnier par des pirates, 13, 61.

Clodius (Appius) est envoyé par Luculle à Tigrane pour lui redemander Mithridate, 13, 278 *et suiv.*

Clondicus, chef des Gaulois, 12, 204.

Cnide, ville maritime de l'Asie mineure, 3, 294.

Coccus ou *Coccum*, d'où l'on tirait l'écarlate, 14, 259.

Cochenille, 14, 261.

Codrus, dernier roi d'Athènes, 3, 286.

Cœnus, officier dans l'armée d'Alexandre, 9, 105.

Cohorte romaine, 15, 91.

Colchide, province d'Asie, 2, 270.

Colomb (Christophe), astronome, 17, 324.

Colonies. Avantages qu'en tiraient les anciens, 1, 353.

Colonne, terme d'architecture, 14, 285. Colonne Trajane, 285.

Colosse de Rhodes, 9, 477. Sort de ce fameux colosse, 10, 363.

Combats publics de la Grèce, 6, 361, 404 *et suiv.*

Côme, ville d'Italie, 16, 480.

Comédie, ses commmencemens, 6, 446. On divise la comédie en trois classes, 456 *et suiv.*

Comédien. Cette profession n'avait rien de déshonorant chez les Grecs, 14, 45.

Commerce. Excellence et avantage du commerce, 14 182 *et suiv.*

Condé (*M. le prince de*), 14, 426.

Conon, général athénien, est enfermé par Callicratidas dans le port de Mitylène, 5, 261. Il est délivré, ses actions jusqu'à sa mort, 267 *et suiv.*

Conon, de Samos, mathématicien, 10, 234.

Consuls romains, solennité de leur départ, 12, 136.

Coquillages donnant la teinture pourpre, 14, 250.

Corbeille, procession à Athènes, 6, 317.

Corcyre, île dans la mer Ionienne, avec une ville du même nom, 3, 272. Ses habitans promettent du secours aux Grecs contre les Perses, 4, 149. Dispute entre Corcyre et Corinthe, 376.

Coriénez. roc, pris par Alexandre, 15, 270.

Corinthe, ville de Grèce, 3, 289. Elle envoie du secours aux Syracusains, 5, 41. Elle entre dans une ligue contre Lacédémone, 468 *et suiv.* Elle envoie Timoléon au secours de Syracuse contre Denys le Jeune, 7, 58. Elle donne à Alexandre le droit de bourgeoisie, 9, 158. Elle s'unit à la ligue des Achéens, 10, 274. Elle maltraite les députés envoyés par Métellus, 12, 335. Elle est détruite, 346.

Cornélie, dame romaine, 13, 392.

Cornélie, femme de Pompée, 13, 383.

Cornutus (*Tertullus*), collègue de Pline le Jeune, 16, 454.

Coronée, ville de Béotie, 5, 481.

Corynna, femme poète, 16, 73.

Coryphée, personne employée dans les pièces de théâtre, 6, 429.

Cos, île de Grèce, patrie d'Hippocrate, 4, 467.

Cosis, frère d'Orode, commande l'armée des Albaniens,13, 339.

Cosmes, magistrats de Crète, 6, 189.

Cosséens, nation de Médie, 9, 155.

Cossutius l'un des premiers architectes romain, 14, 330.

Cothon, nom du port de Carthage, 2, 209.

Cotta, consul romain, battu par Mithridate,13, 262.

Cotta, fils du précédent, orateur latin, 16, 287.

Cotyle, mesure attique, 5, 37.

Cotys, roi des Odryses dans la Thrace, se déclare pour Persée contre les Romains, 14, 122, 268.

Courtisans, en quoi consiste leur mérite, 5, 250.

Course. Exercice chez les Grecs, 6, 388 *et suiv.*

Couronnes, que les Romains donnaient à ceux qui se distinguaient par leur courage, 15, 32. Couronnes accordées aux athlètes vainqueurs dans les jeux publics de la Grèce, 6, 362.

Cranaus, roi d'Athènes, 3,291.

Crassus, excellent orateur, 16, 313,

Crassus, consul, 13, 113 *et suiv.*

Crassus, fils du précédent, accompagne son père dans son expédition contre les Parthes, 13, 130.

Cratère, officier d'Alexandre, entraîne par ses discours la perte de Philotas, 8, 478. Il parle à Alexandre au nom de toute l'armée,9, 115. Il gouverne la Macédoine qu'avait Antipater, 152. Provinces qui lui échurent après la mort d'Alexandre, 264. Il épouse Phila, fille d'Antipater, 297. Il est vaincu par Eumène, et tué dans un combat, 313.

Cratérus, médecin, 17, 339.

Cratès, de Mallos, grammairien grec, 15, 330.

Cratès, philosophe cynique, 17 , 87.

Cratésiclée, mère de Cléomène, roi de Sparte , est envoyée par son fils en Égypte pour y servir d'otage, 10, 340.

Cratésipolis, femme d'Alexandre, fils de Polysperchon, 9 , 367.

Cratinus, poète comique grec, 6, 466.

Cresphonte, un des chefs des Héraclides , rentre dans le Péloponèse , et a la Messénie en partage , 3 , 293.

Crésus, roi de Lydie ; ses conquêtes, 2 , 380 *et suiv*. Il perd une première bataille contre Cyrus ; il est vaincu près de Thymbrée, 470. Cyrus l'assiège dans Sardes, et le fait prisonnier, 3 , 15 *et suiv*. Il consacre dans le temple de Delphes une statue d'or à sa boulangère, 6, 359.

Crète, île voisine de la Grèce, sa description , 3, 273. Lois de Crète établies par Minos, 6 , 181. Les Crétois refusent de se joindre aux Grecs attaqués par Xerxès, 4, 149. Ils passaient pour les plus grands menteurs de leur temps, 6, 196.

Q. Crispinus remplace Appius qui commandait avec Marcellus au siège de Syracuse, 14, 70.

Critias, un des trente à Athènes, fait mourir Théramène, un de ses collègues, 5, 317.

Critolaüs, philosophe péripatéticien , 17, 177.

Critolaüs, chef des Achéens, 12, 330.

Crocodile, animal amphibie ; adoré en Égypte , 1 215.

Cromwel. Comparaison de sa mort avec celle de Denys le tyran, 7, 76.

Crotone, ville de Grèce, bâtie par Mycellus, 4, 431. Réforme introduite dans cette ville par Pythagore , 17, 110.

Ctésias, de Cnide, exerce la médecine dans la Perse, 5, 427 ; 16, 231.

Ctésias, sculpteur, 14, 375.

Ctésiphon ou *Chersiphon*, architecte, 14, 303.

Cuanaxa, ville célèbre, 5, 349.

Cuivre, métal : d'où il se tire, 11, 209.

Cupidon. Sa statue par Praxitèle, et par Michel-Ange, 14, 368.

. *Cyaxare I* règne en Médie, 2, 365.

Cyaxare II, appelé Darius Medus, monte sur le trône de Macédoine, 2, 372. Il demande secours aux Perses contre les Assyriens ; ses expéditions, 411 et suiv.

Cycliade, président de l'assemblée des Achéens, 11, 124.

Cylon se rendit maître de la citadelle d'Athènes, 4, 388.

Cylon, fameux sculpteur, 14, 375.

Cynégire, Athénien ; son acharnement contre les Perses à Marathon, 4, 89.

Cynèthe, ville d'Arcadie, 14, 476.

Cyniques (secte des), son origine, 17, 77 *et suiv.*

Cynisca, sœur d'Agésilas, se présente aux jeux olympiques, 6, 6; 403.

Cynoscéphales, colline de Thessalie, 11, 184.

Cypre, île de la mer Méditerranée, délivrée de la puissance des Perses par les Grecs, 4, 242. Révolte de cette île contre Ochus, 7, 359. Horrible et sanglante tragédie qui se passe dans cette île à la mort de Nicoclès, 9, 400. Elle tombe au pouvoir des Romains, 13, 61. Excellence des vins de Cypre, 14, 150.

Cypsélus, Corinthien, s'empare de l'autorité à Corinthe, et la transmet à son fils, 3, 289.

Cyrénaïque, secte célèbre de philosophes, 17, 28.

Cyrène, ville sur le bord de la Méditerranée ; dispute élevée entre cette ville et Carthage au sujet des limites, 1, 380.

Cyropolis, ville de la Sogdiane, détruite par Alexandre, 9, 8 *et suiv.*

Cyrus, fils de Cambyse, roi de Perse ; naissance de ce prince, 2, 372, 410 *et suiv.*

Cyrus, le plus jeune des fils de Darius, est revêtu par son père du gouvernement en chef de toutes les provinces de l'Asie mineure, 5, 59. Son père le rappelle, 280. Après la mort de Darius, il entreprend d'égorger son frère, 301 *et suiv.* Il est renvoyé dans l'Asie mineure, 339. Il lève secrètement des troupes contre son frère, 340. Il part de Sardes, 103. La bataille se donne à Cunaxa, 350. Il est tué dans le combat, 358. Éloge de Cyrus, 365.

Cythère, île de Grèce vis-à-vis la Laconie, 3, 273.

Cyzique, ville de la Propontide, 13, 268.

D

Damasithymnus, roi de Calinde, 4, 185.

Dames. Plutarque a composé un traité pour prouver l'industrie et l'habileté des dames, 4, 131. La prudence, le bon esprit et le courage conviennent à leur sexe, 5, 423. Heureuse simplicité des dames de l'ancien temps, 8, 426.

Damippus, Syracusain envoyé par Epicyde pour négocier avec Philippe, roi de Macédoine, 14, 71.

Damis le dispute à Aristomène pour succéder à Euphaès dans le royaume de Messénie 3, 458.

Damoclès apprend par sa propre expérience que la vie de Denys le tyran n'était pas aussi heureuse qu'elle le paraissait, 7, 73.

Damocrite, député vers Nabis par les Etoliens, 11, 240. Réponse insolente de Damocrite à Quintius, 261. Il est fait prisonnier de guerre au siège d'Héraclée, 291.

Damocrite, premier magistrat des Achéens, fait

déclarer la guerre aux Lacédémoniens, 12, 551.

Damon, ami de Pythias. Epreuve où fut mise leur amitié, 7, 71.

Damon, sophiste, 16, 11.

Damophante, général de la cavalerie des Eléens, est tué par Philopémen devant la ville d'Elis, 11, 28.

Danaüs dresse des embûches à Sésostris, son frère, 1, 276.

Daniel, le prophète, est emmené en captivité à Babylone; il explique les songes de Nabuchodonosor, 2, 334 *et suiv.* Vision du prophète Daniel; il explique à Baltasar la vision que ce prince a dans un repas; il est établi surintendant des affaires de l'empire; il est jeté dans la fosse aux lions. C'est à sa sollicitation qu'est accordé l'édit de Cyrus qui permet aux Juifs de retourner à Jérusalem. Habileté de Daniel dans l'architecture, 356 *et suiv.*

Danse, cultivée par les Grecs, 6, 237. Idée que les Romains avaient de cet exercice, 14, 580. Réflexion de Plutarque sur la musique et la danse, 398.

Danube. Pont bâti sur ce fleuve par ordre de Trajan, 14, 526.

Danville, géographe du roi, 17, 313.

Dariques, pièces d'or frappées au nom de Darius Médus, 3, 72.

Darius Médus. C'est le nom que l'Ecriture donne à Cyaxare II, roi des Mèdes. *Voyez* Cyaxare.

Darius, fils d'Hystaspe, entre dans la conspiration formée contre Smerdis le mage, 3, 133 *et suiv.* Il quitte le nom d'Ochus pour prendre celui de Darius. Son mariage, 123. Il réduit Babylone après vingt mois de siège, 4, 6 *et suiv.* Il se choisit un successeur; sa mort, 105 *et suiv.*

Darius, fils aîné de Xerxès; son mariage avec Artaïnte, fille de Masiste, 4, 227. Il est égorgé par Artaxerxe, son frère, 271.

Darius Nothus se soulève contre Sogdien et le fait mourir; il monte sur le trône de Perse, change son nom d'Ochus en celui de Darius, 5, 52 *et suiv.* Il donne à Cyrus le plus jeune de ses fils le gouvernement de l'Asie mineure, 248. Darius rappelle Cyrus son fils à la cour, 280. Mort de Darius Nothus; paroles mémorables de ce prince qu'il adressa en mourant à Artaxerxe, son successeur, 297 *et suiv.*

Darius, fils d'Artaxerxe Mnémon, conspire contre la vie de son père, 7, 418.

Darius Codoman est placé sur le trône des Perses par Bagoas, 7, 477. Il perd la bataille du Granique contre Alexandre, 8, 231 *et suiv.* Il charge Memnon le Rhodien d'aller porter la guerre en Macédoine, 251. Célèbre victoire remportée par Alexandre sur Darius près de la ville d'Issus, 275 *et suiv.* Lettre de Darius à Alexandre, pleine de fierté, 302. Seconde lettre de Darius à Alexandre, 338. Darius apprend la mort de sa femme, 376. Darius propose de nouvelles conditions de paix à Alexandre, qui ne sont pas acceptées, 378. Fameuse bataille d'Arbelles, où Darius est vaincu, 404 *et suiv.* Il est trahi et chargé de chaînes par Bessus et Nabarzane; mort funeste de ce prince, 453 *et suiv.*

Darius, roi des Mèdes, est soumis par Pompée, 13, 341.

Datame, Carien, succède à son père dans le gouvernement de la Leuco-Syrie, 6, 44.

Datis commande l'armée des Perses à la journée de Marathon, 4, 83.

Dauphins, machine de guerre, 5, 174.

Décélie, fort de l'Attique, 5, 141.

Décimation en usage chez les Romains, 15, 224.

Décius, tribun romain, 15, 230.

Déclamation du théâtre composée et réduite en note chez les anciens, 15, 21.

Déclaration de guerre, 15, 54.

Dédale, contrée des Indes soumise par Alexandre, 9, 66.

Déidamie, fille d'Eacide, épouse Démétrius, fils d'Antigone, 10, 10.

Déjoce forme le dessein de monter sur le trône des Mèdes, 2, 351 *et suiv.*

Déjotare, prince de Galatie, 13, 348.

Délie, place de Béotie, 5, 65.

Délos, l'une des îles Cyclades, 4, 255. Les Athéniens envoient tous les ans un vaisseau dans cette île; 6, 26 Archélaüs soumet l'île de Délos, et la remet aux Athéniens. 13, 17.

Delphes, ville de la Phocide, 6, 343. La pythie et la sybille de Delphes, 345 *et suiv.*

Delta ou la basse Egypte, 1, 184.

Démade combat l'avis de Démosthène, 8, 76. Il est fait prisonnier à la bataille de Chéronée, 149. Il va en ambassade vers Alexandre pour les Athéniens, 217. Il dresse le décret de mort contre Démosthène, 9, 284. Démade égorgé avec son fils par Cassandre, 325.

Démarate, roi de Sparte, chassé du trône par Cléomène, son collègue, 4, 79.

Démarate, femme d'Andranodore, 14, 42.

Démétrius de Phalère est obligé de sortir d'Athènes, 9, 288, 352 *et suiv.* Soin qu'il prend de faire fortifier et embellir le Pirée, 14, 308. Il a composé un traité de l'élocution fort estimé, 15, 401. On lui attribue l'invention de la déclamation, 435.

Démétrius, fils d'Antigone, surnommé Poliorcète, 9, 396 *et suiv.*

Démétrius, frère d'Antigone Gonatas, est mis à mort dans le lit d'Apamée, 10, 208.

Démétrius, fils et successeur d'Antigone Gonatas, 10, 239; 277. Sa mort, 250.

Démétrius de Phare, prince d'Illyrie, 10, 277.

Démétrius, fils de Philippe, roi de Macédoine, 11, 192, 236. Les Romains le renvoient à son père, 294. Philippe envoie Démétrius en ambassade à Rome, 408. Démétrius justifie son père devant les Romains, 452 *et suiv.*

Démétrius Soter, qui était en otage à Rome, demande inutilement de retourner en Syrie, 12, 389 *et suiv.*

Démétrius Nicator, fils de Démétrius Soter, revendique le trône de Syrie, 12, 423 *et suiv.*

Démétrius Euchère est établi roi à Damas, 13, 52.

Démétrius, architecte, 14, 305.

Démétrius, statuaire, 14, 365.

Démiurges, magistrats chez les Achéens, 11, 160.

Démocède, médecin de Crotone ; il guérit Darius, 3, 478 *et suiv.*

Démocharès, l'un des meurtriers d'Agis, roi de Sparte, 10, 311.

Démoclès, surnommé le Beau, 10, 9.

Démocrite. Sentimens de ce philosophe sur la nature de la Divinité, 17, 267.

Démodoque, poète dont Homère parle avec éloge, 11, 485.

Démosthène conduit une flotte en Sicile au secours de Nicias, 5, 164 *et suiv.*

Démosthène, l'orateur. Idée de sa vie, 8, 5. Il paraît pour la première fois en public, et rassure les Athéniens contre les préparatifs que faisait Artaxerxe, 7, 445 *et suiv.*

Denys l'ancien, tyran de Syracuse. Traits qui le caractérisent, 6, 454 *et suiv.*

Denys le jeune succède à son père, 7, 74 *et suiv.*

Denys d'Halicarnasse. Son histoire et ses ouvrages, 15, 393 ; 16, 247.

Denys le Thracien, grammairien grec, 15, 335.

Dercyllidas, surnommé Sisyphe, commande les troupes lacédémoniennes à la place de Thymbron, 5, 420 *et suiv.*

Descartes. C'est à lui que la physique moderne est redevable de la plus grande partie de ses progrès, 17, 313, 412.

Deucalion, roi de Thessalie, 3, 290.

Deucétius, chef des peuples appelés Siciliens, 4, 425.

Dexiphane, architecte, 14, 316.

Diæus, l'un des chefs des Achéens, 12, 341 *et suiv.*

Diagore le Mélien est condamné à Athènes pour avoir enseigné l'athéisme, 5, 125.

Dialectes. Les quatre dialectes des Grecs, 3, 294.

Dialogue. Genre d'écrire très difficile, 15, 416.

Dicéarque, ancien amiral de Philippe, roi de Macédoine, 11, 212.

Dicéarque, frère de Thoas, général des Étoliens, 11, 240.

Dictateur romain. Comment il marchait à la tête de ses légions, 15, 157.

Didas, gouverneur de Péonie, fait mourir Démétrius par ordre de Philippe, son père, 11, 421.

Didon ou *Elissa :* son histoire, 1, 375.

Digeste, 17, 244.

Dieu. Réponse de Simonide à un prince qui lui demandait la définition de Dieu, 3, 395. Un Dieu souverain reconnu par Socrate, 5, 480. Dieu seul auteur de tous les arts, 14, 109.

Dinarque, orateur grec, 16, 594.

Dinocrate, architecte, 14, 315. Il a l'intendance de la construction du temple de Diane à Éphèse, 8, 241. Il est chargé par Alexandre de bâtir la ville d'Alexandrie, 377. Dessein d'un temple singulier qu'il propose à Ptolémée Philadelphe, 455.

Dinomène, l'un des commandans de l'armée des Syracusains, 14, 55.

Dinon, gouverneur de Damas, 10, 596.

Dioclès, l'un des chefs des Syracusains, 5, 199.

Dioclès, Étolien, s'empare de Démétriade, 11, 265.

Diodore, Athénien, s'oppose à ce qu'on fasse mourir les habitans de Mitylène, 5, 24.

Diodore de Sicile, historien grec, 16, 243.

Diodore, philosophe grec, 17, 77.

Diogène le Cynique refuse de se faire initier aux mystères de Cérès d'Éleusis, 6, 327. Il reçoit une visite d'Alexandre le Grand, 8, 221.

Diogène, philosophe de la secte stoïque, 12, 312.

Diogène Laerce, historien grec, 16, 282.

Diognète, amiral de la flotte d'Antiochus le Grand, 10, 396 *et suiv.*

Diognète, architecte de Rhodes, 14, 318.

Diomédon, l'un des généraux qui furent condamnés à mort par les Athéniens pour avoir laissé les corps de ceux qui avaient péri au combat des Arginuses sans sépulture, 5, 268.

Dion Cassius, historien grec, 16, 283.

Dion de Syracuse. Son caractère et sa liaison intime avec Platon, 7, 25 *et suiv.*

Dion, célèbre philosophe envoyé par les Égyptiens en ambassade à Rome contre Ptolémée Aulète, 13, 365.

Diophane, Achéen, contraint Séleucus à lever le siège de Pergame, 11, 302.

Diopithe, chef de la colonie envoyée par les Athéniens dans la Chersonèse, 8, 100 *et suiv.*

Dipène, sculpteur en marbre, 14, 339.

Discoboles. Ceux qui s'exerçaient au combat du disque, 6, 315.

Disque, Sorte de combat d'athlètes, 6, 385.

Divinité. Idée de la divinité gravée dans le cœur de tous les hommes, 5, 113. Existence et attributs de la Divinité, 17, 252.

Dix. Conseil des dix établi à Athènes, 5, 322.

Dîme Coutume chez les Grecs de donner aux Dieux la dîme du butin, 4, 215.

Dodanim, le quatrième des enfans de Javan, 3, 278.

Dodart. M. a fait un calcul exact de tous les tons et demi-tons d'une voix ordinaire, 15, 316.

Dodone. Oracle de Dodone, 6, 339.

Domitien. Edit de Domitien au sujet des vignes, 14, 156. Domitien traité de dieu par Quintilien, 15, 459.

Domitius Enobarbus, commissaire envoyé pour les Romains en Achaïe, 14, 291.

Donat, célèbre grammairien, 15, 385.

Donations. Comment réglées par Solon, 3, 359.

Doride. Contrée de l'ancienne Grèce. Son origine, 4, 294.

Doride, femme de Denys l'ancien, 7, 21.

Dorimaque, général des Etoliens, 90, 434.

Dorus, second fils d'Hellen; il donne son nom à la Doride, 3, 291.

Doriphore, statue peinte par Polyclète, 14, 368.

Doriphori. Corps de troupes destiné à garder le prince, 3, 182.

Dracon, législateur d'Athènes, 6. 343 ; 16, 48.

Dracon, fils d'Hippocrate, 17, 336.

Drépane, place de Sicile, 1, 475.

Droit romain. Ses commencemens, 17, 252. Le droit civil reçoit une nouvelle forme sous l'empereur Justinien, 244 *et suiv*.

Drypétis, veuve d'Ephestion, périt par la perfidie de Roxane, 9, 268.

Duel inconnu aux Grecs et aux Romains, 15, 136.

Duilius, consul, commande la première flotte que les Romains mettent en mer, 1, 452.

Dymnus conspire contre Alexandre, 8, 473.

E

Eacidas, fils d'Arymbas, roi d'Epire, 8, 104.

Laeide, roi des Epirotes, est exilé par ses propres sujets, 9, 560.

Eau douce. Comment elle se conservait à Alexandrie, 13, 394.

Ecbatane, ville capitale de la Médie ; sa fondation, 2, 558.

Eclipses. En quel temps les anciens en ont connu la cause, 17, 311.

Ecnome, ville de Sicile, célèbre par la victoire des Romains sur les Carthaginois, 15, 301.

Economie. Elle fait une des principales parties de la vertu politique, 4, 366.

Ecriture. Ses commencemens, 1, 243. Son utilité, 15, 318.

Education des enfans chez les Perses, 2, 401 ; à Sparte, 3, 312. Avantages d'une bonne éducation, 8, 201. Suites funestes d'une mauvaise éducation, surtout dans les princes, 3, 257. Sage maxime d'un philosophe sur l'éducation des enfans, 17, 50.

Eétion, amiral des Athéniens, est vaincu par Clitus, qui commandait la flotte macédonienne, 9, 281.

Egalité. Elle est l'ame des états populaires, 3, 501. Elle est comme le nœud et la base de la liberté, 6, 200.

Egée, roi d'Athènes, 3, 285.

Egésimaque, officier dans l'armée d'Alexandre. Témérité qui lui coûte la vie, 9, 75.

Egeste, ville de Sicile ; sa fondation, 5, 98.

Egine, petite île près d'Athènes, 4, 79.

Egypte, divisée en trois parties, 1, 144. La haute Egypte, ou Thébaïde, 146. L'Egypte du milieu, ou Heptanome, 149. La basse Egypte, ou Delta, 186. Fécondité de l'Egypte, 14, 143. Monarchie

égyptienne, 1 , 257. L'Egypte passe sous la puissance des Perses, 3, 111 ; puis sous celle des Macédoniens, 8, 374.

Egyptiens. Mœurs et coutumes des Egyptiens, 1, 193 *et suiv.*

Eione, ville de Thrace ; sort malheureux de cette ville, 4, 290.

Elatée, ville de la Phocide, tombe au pouvoir de Philippe, 8, 136

Eléazar, frère de Simon, souverain sacrificateur des Juifs, exerce cette dignité pendant la minorité d'Onias, 10, 29.

Eléazar, docteur de la loi, aime mieux mourir que de manger des viandes impures, 12, 53.

Eléazar, un des fils de Matathias, se sacrifie dans un combat pour délivrer son peuple, 12, 391.

Eléazar, de la secte des Pharisiens, forme contre Hyrcan une accusation calomnieuse, 13, 16.

Electrion, roi de Mycènes, 3, 283.

Elégie : d'où vient ce mot ; sa définition, 16, 73.

Eléphans : description de ces animaux, 9, 61. Service qu'on tirait des éléphans dans les combats, 15, 389.

Eleusis, petite ville de l'Attique, où les Athéniens célébraient une fête en l'honneur de Cérès, 12,343.

Elide, province dans le Péloponèse, où se célébraient les jeux olympiques, 1, 305; 3, 270.

Elien, historien grec, 16, 280.

Eliza, fils de Javan, s'établit dans le Péloponèse, 3, 277.

Eloquence. Définition de l'éloquence, 4, 360; 16, 363.

Elos, ville du territoire de Sparte, soumise par les Lacédémoniens, 3, 445.

Elymaïde, ville de Perse qui passait pour avoir de grandes richesses, 12, 75.

Embaumer. Manière d'embaumer les corps chez les Égyptiens, 1, 221.

Émile (Paul) est choisi à Rome pour consul, 12, 186 *et suiv.*

Émile, député des Romains. Philippe l'exhorte, de la part du sénat, à mettre bas les armes, 12, 380.

Emilius (L. Paulus) est nommé consul avec Varron, 2, 92. Il périt à la bataille de Cannes, 98.

Emilius (Q.), consul, donne avis à Pyrrhus qu'on a dessein de l'empoisonner, 10, 155.

Émilie, sœur de Paul Émile; richesses qu'elle laissa à Scipion en mourant, 2, 231.

Empédocle d'Agrigente, philosophe pythagoricien, ayant remporté la victoire aux jeux olympiques, régale le peuple, 6, 406. Ce qu'il pensait de la nature de la divinité, 17, 267.

Emprunts. Loi sur les emprunts établie en Égypte, 1, 202; 284. Comment ceux qui vivaient d'emprunts étaient regardés chez les Perses, 3, 159.

Ena, temple fort riche dans la Médie, 11, 92.

Enée, supposé contemporain de Didon par Virgile, 1, 578.

Enfans. Selon Aristote, ils sont à l'Etat, et doivent être élevés par l'Etat, 3, 333.

Ennius, poète, historien, 16, 87.

Enobardus (Domitius), consul, se déclare pour Antoine, et se retire auprès de lui, 13, 427.

Enthousiasme propre à la poésie lyrique, 16, 64.

L'éolien, dialecte éolien, 3, 295.

Eolus, fils d'Hellen, règne en Thessalie, 4, 277.

Epaminondas, Thébain; son caractère, conduite qu'il garde dans la conspiration contre les tyrans de Thèbes, 6, 284 *et suiv.*

Epée, arme offensive et défensive, 15, 135.

Epérate est nommé par le crédit d'Apelle, ministre de Philippe, général des Achéens, 10, 440.

Éphèse, ville d'Ionie, 3 , 293. Fameux temple bâti dans cette ville eu l'honueur de Diane, 14, 363.

Ephestion, favori d'Alexandre ; méprise des princesses captives à son égard, 8, 293. Il reçoit une blessure à la bataille d'Arbelles, 409. Alexandre lui fait épouser la plusjeune des filles de Darius, 9, 140. Mort d'Ephestion, 153.

Ephialte, orateur, veut empêcher les Athéniens de secourir les Lacédémoniens, 4, 333.

Ephores, magistrats de Sparte ; leur établissement , 3, 354.

Epicrate, un des généraux d'Antiochus de Cyzique, trahit les intérêts de ce prince, et traite secrètement avec Hyrcan, 13, 13.

Epicrate, portefaix à Athènes ; plaisanterie de cet Athénien sur les députés qu'on avait envoyés en Perse, 7, 348.

Epicure, philosophe. Sa naissance, 17 , 143. Il enseigne la grammaire avant que de s'adonner à la philosophie, 15,325. Il s'établit à Athènes, et y ouvre une école de philosophie, 17, 144. Sentimens d'Epicure sur le souverain bien, 181; sur la formation du monde, 293. Mort d'Epicure, 147.

Epicyde, Athénien ; son peu de courage et son avarice, 4, 160.

Epicyde, Carthaginois, envoyé par Annibal à Hiéronyme, demeure auprès de ce prince, 14 , 36 *et suiv.*

Epidamne ou *Dyrrachium*, ville maritime de Macédoine, 4 , 376.

Epigones : signification de ce mot, 9, 141.

Epigramme, espèce de poésie. 16, 77.

Epipole, partie de la ville de Syracuse, 5, 153.

Epique (poëme)) ; son origine , 6 , 422.

Epire. Description géographique de l'Epire , 3, 269. Histoire abrégée de ses rois, 9, 250.

Episthène d'Amphipolis, officier de l'armée du jeune Cyrus, 5, 358.

Erasinide, l'un des chefs athéniens qui remportèrent la victoire près des îles Arginuses, 5, 262.

Erasistrate, médecin, célèbre par la manière adroite dont il découvrit la cause de la maladie d'Antiochus, 10, 96 ; 17, 336.

Eratosthène de Cyrène, bibliothécaire d'Alexandrie, 10, 244.

Ere de Nabonassar, 2, 320. Ere des Séleucides, 9, 407.

Erecthée, roi d'Athènes, 3, 285.

Erétrie, ville d'Eubée, soutient les Ioniens dans leur révolte contre les Perses, 4, 57. Elle est détruite par les Perses, 81.

Ergine, Corinthien, fournit à Aratus le moyen de s'emparer de la citadelle de Corinthe, 10, 268.

Eschine, orateur athénien, se laisse corrompre par l'or de Philippe, 8, 86 *et suiv.* Portrait d'Eschine par Quintilien, 16, 392.

Eschyle, poète tragique, perfectionne la tragédie, 6, 440 *et suiv.*

Esculape inventeur de la médecine, 17, 325.

Esdras obtient d'Artaxerxe Longue-main la permission de retourner à Jérusalem, 4, 316.

Esope, Phrygien ; son histoire, 3, 410 *et suiv.*

Espagne, description de l'Espagne, 1, 383. Elle passe tout entière au pouvoir des Romains, 2, 126.

Esprit familier de Socrate, 6, 68.

Esther fait révoquer le funeste édit qu'Assuérus avait rendu contre les Juifs, 3, 158.

Etoiles. Dénombrement des étoiles du temps d'Hipparque, 17, 306.

Etolie, une des principales parties de la Grèce, 3, 271.

Etoliens. Guerre des Etoliens contre les Achéens

et contre Philippe, 10, 414. Dur traitement qu'ils essuient de la part des Romains, 21, 290.

Evagore, roi de Salamine, 6, 19 *et suiv.* Sa mort, 7, 396.

Evagore, fils de Nicoclès, est chassé du trône de Salamine par Protagore, 7, 360.

Evalcus, chef de la cavalerie lacédémonienne, 10, 182.

Evandre de Crète, général des troupes auxiliaires de Persée, 12, 114.

Eubée, île de la Grèce, 3, 273. Soumise aux Athéniens, 4, 373. Les Lacédémoniens s'en emparent, 5, 230. Antiochus se saisit de cette île, 11, 277.

Eubulide, philosophe de la secte mégarique, 17, 54.

Euchidas, Platéen, se charge d'apporter de Delphes le feu sacré, 4, 217.

Euclidas, Lacédémonien. Son frère Cléomène, roi de Sparte, le fait régner avec lui, 10, 425.

Euclide de Mégare, fondateur de la secte mégarique, 17, 32.

Euclide, mathématicien, 17, 374.

Eudamidas, Lacédémonien, chargé de la guerre contre Olynthe, 7, 276.

Eudocie ou *Athénaïs*, fille du sophiste Léonce, est mise au rang des poètes, 16, 56.

Eudoxe, astronome, 17, 402.

Evilmérodac, roi de Babylone, 2, 345.

Eulée, eunuque, gouverneur de Ptolémée Philométor, 14. 31.

Eumène, officier de l'armée d'Alexandre, 9, 267.

Eumène I, neveu de Philétère, succède à son oncle dans le royaume de Pergame, 10, 201 *et suiv.*

Eumène II succède à son père Attale dans le royaume de Pergame, 11, 172 *et suiv.*

Eumolpides, prêtres de Cérès, successeurs d'Eumolpus qui en fit le premier les fonctions, 5, 124; 6, 326.

Eunape, historien grec, 16, 287.

Eunomus, roi de Sparte, est tué dans une émeute populaire, 3, 447.

Eunuques. Cyrus en introduit l'usage en Orient, 3, 60.

Euphaès, roi de Messénie, est attaqué par les Lacédémoniens, 3, 451.

Euphorion de Chalcis, poète grec, 16, 51.

Eupolis, poète comique, 16, 60.

Euripidas mène un détachement d'Eléens pour ravager le territoire de Sicyone, 10, 434.

Euripide, poète tragique, 6, 441; 16, 59.

Euriptodémus prend la défense des généraux condamnés par les Athéniens après le combat des Arginuses, 5, 276.

Eurybiade, Lacédémonien, est nommé généralissime des Grecs par préférence à Thémistocle, 4, 155. Celui-ci le détermine à donner le combat dans le détroit de Salamine, 183. Les Lacédémoniens lui décernent le prix de la valeur, 191.

Eurydice, femme d'Amyntas, roi de Macédoine, engage par ses prières Iphicrate à rétablir ses enfans sur le trône de leur père, 8, 29.

Eurydice, femme d'Aridée; Olympias la fait mourir, 9, 360.

Eurydice, Athénienne, femme d'Ophellas, 9, 421. Après la mort de son mari, elle épouse Démétrius, 436.

Eurydice, veuve de Ptolémée Soter, marie sa fille Ptolémaïde à Démétrius, 10, 19.

Euryèle, hauteur près de Syracuse, qui conduisait à Epipole, 5, 133.

Euryloque, premier magistrat chez les Magnètes, les indispose contre les Romains, 11, 257.

Eurymédon, général des Athéniens, est condamné à payer une grosse amende, et pourquoi, 5, 95. Il

va en Sicile pour secourir Nicias, 164. Il est tué dans un combat, 185,

Eurysthée, roi de Mycènes, célèbre par les douze travaux qu'il fit subir à Hercule, 3, 283.

Eurysthène, roi de Sparte, 3, 445.

Eurytion ou *Eurypon*, roi de Sparte, relâche en faveur du peuple quelque chose du pouvoir absolu des rois, 3, 445.

Eustathe, archevêque de Thessalonique, grammairien grec, 15, 340.

Euthycrate, premier magistrat d'Olynthe, livre cette ville à Philippe, 8, 87.

Euthydème, nommé par les Athéniens pour partager le commandement avec Nicias, force ce général à donner un combat naval où il a du dessous, 5, 172.

Euthydème, roi de Bactrie, fait une paix honorable avec Antiochus qui voulait le détrôner, 12, 361 *et suiv.*

Eutrope, historien latin, 16, 362.

Exénète, vainqueur aux jeux olympiques, entre en triomphe dans Agrigente sa patrie, 6, 486.

Ezéchias, roi de Judée, est guéri miraculeusement, 2, 325.

F

Fabius Maximus (*Quintus*) est nommé dictateur à Rome, 2, 82 *et suiv.* Il ne dédaigne pas de servir sous son fils en qualité de lieutenant, 12, 79.

Fabius Maximus, fils de Paul Emile, se distingue dans la guerre contre Persée, 12, 217.

Fabius Pictor, historien latin, 16, 296.

Fables. Auteurs à qui l'on en attribue l'invention, 3, 406.

Fabricius est député par les Romains vers Pyrrhus, 10, 142.

Famine arrivée en Egypte sous l'empereur Trajan, 1, 263.

Fanal d'Alexandrie, 14, 315.

Fannius (*C.*), officier romain, se distingue au siège
de Carthage, 2, 220.

Fécial, officier public à Rome ; ses fonctions,
15, 56.

Fer, métal, 14, 204.

Fescennins, vers libres, 16, 83.

Fêtes célébrées à Athènes, 6, 314 ; à Lacédémone,
4, 201 *et suiv.*

Fimbria, commandant des Romains en Asie, défait les troupes de Mithridate, 13, 248 *et suiv.*

Flaccus (*L. Valérius*) est nommé consul, et
marche contre Mithridate, 13, 237.

Flaccus (*Valérius*), poète latin, 31, 182.

Flaccus (*Verrius*), grammairien latin, 15, 341.

C. Flaminius, consul, marche contre Annibal,
2, 76.

Flaminius (*Quintius*) est député par les Romains
vers Prusias, 2, 164. Il est nommé consul, et
marche contre Philippe, roi de Macédoine, 11, 141
et suiv.

Florus, historien latin, 16, 357.

Foi. La bonne foi est un des fondemens de la
société, 17, 118.

Fonte, espèce de cuivre, 14, 209.

Fortifications des anciens, 3, 198 ; 15, 249.

Fortunat, poète latin, 16, 204.

Fossés. Comment se faisait le comblement des fossés, 15, 271.

Français. Idées qu'on avait des anciens Gaulois,
11, 370.

Freinshémius. Obligation qu'on lui a d'avoir
suppléé à ce qu'on a perdu de Tite-Live et de Quinte-
Curce, 16, 314.

Fulvie, femme d'Antoine, se donne à Rome de grands mouvemens pour les intérêts de son mari, 13, 416.

Funérailles en Egypte, 1, 220 ; à Athènes, 4, 461.

G

Gabinius, lieutenant-général de Pompée, soumet une partie de la Syrie, 13, 341 *et suiv*.

Gadatas, prince d'Assyrie, se soumet à Cyrus, 3, 44.

Gala, père de Masinissa, embrasse le parti des Carthaginois contre les Romains, 2, 174.

Galatie ou *Gallo-Grèce*, canton de l'Asie mineure, 10, 116.

Galéa. Belle parole de cet empereur, 9, 276.

Galien, célèbre médecin : son histoire, 17, 341.

Galilée, astronome moderne, 17, 411.

Ganymède, eunuque de Ptolémée, 13, 596.

Gaos, amiral de la flotte d'Artaxerxe, 6, 36.

Gassendi, astronome moderne, 17, 412.

Gaugamèle ou maison du chameau, 4, 36.

Gaulois. Ces peuples disputent à Annibal le passage des Alpes, 2, 52. Irruption des Gaulois dans la Grèce, 10, 105.

Gaza, siège et prise de cette ville par Alexandre, 8, 570. Sa destruction par Alexandre Jannée, 13, 75.

Gélanor, roi d'Argos, 3, 282.

Gèle, ville de Sicile, 5, 99.

Gellias, citoyen d'Agrigente, 6, 486.

Gélon s'empare de l'autorité à Syracuse, 4, 405. Raisons qui l'empêchent de donner du secours aux Grecs attaqués par Xerxès, 589. Il défait Amilcar, général des Carthaginois, 1, 394. Les Syracusains le proclament roi de leur ville, 4, 394 *et suiv*.

Gélon, fils d'Hiéron, embrasse le parti des Carthaginois contre les Romains, 14, 29.

Gentius, roi d'Illyrie, devient suspect aux Romains, 12, 119.

Géographie. Géographes qui se sont le plus distingués dans l'antiquité, 17, 413.

Géométrie. Peuples à qui on attribue l'invention de cette science, 1, 232; 17, 369 *et suiv.*

Gergis, fils d'Ariaze, un des six généraux de l'armée de Xerxès, 4, 143.

Gigis, femme de chambre de Parysatis, 5, 417.

Giscon, fils d'Amilcar, porte la peine de son père et est envoyé en exil, 1, 397.

Giscon, Carthaginois, tâche d'apaiser la révolte des mercenaires, 2, 9

Giscon veut empêcher les Carthaginois d'accepter les conditions de paix que Scipion leur proposait, 3, 138.

Glabrion (*Man. Aquilius*), consul, obtient pour département la Bithynie et le Pont, 13, 317.

Glaucias, roi d'Illyrie, prend Pyrrhus sous sa protection, et le rétablit dans ses Etats, 10, 30.

Glaucon, jeune Athénien, se met en tête d'entrer dans le maniement des affaires publiques, 6, 82.

Glycère de Sicyone, courtisane, excellait dans l'art de faire des couronnes de fleurs, 14, 451.

Gnophon, grammairien latin, 15, 341.

Gobryas, seigneur assyrien, se met lui et sa famille sous la protection de Cyrus, 2, 450 *et suiv.*

Gobryas, seigneur persan, commande dans l'armée d'Artaxerxe à la bataille de Cunaxa, 5, 349.

Gordion, ville capitale de Phrygie, 8, 350.

Gorgias, officier d'Antiochus Épiphane, 12, 67.

Gorgias, sophiste, est député à Athènes par les Léontins pour en obtenir du secours contre les Syracusains, 5, 95; 16, 20.

Gorgidas, Thébain, se joint à Pélopidas pour chasser de Thèbes les tyrans, 7, 298.

Gorgo, fille de Cléomène : saillie de cet enfant, 4, 75.

Gouvernement. Différentes espèces de gouvernement, 6, 163

Gracchus (Tiberius) se distingue au siège de Carthage, 2, 220. Étant tribun du peuple, il propose une loi au sujet du testament d'Attale, et est tué bientôt après, 12, 459.

Gracques. Les Gracques se sont distingués par leur éloquence, 16, 156.

Grammaire. Ce que c'est, 15, 313 *et suiv.*

Granique, rivière de Phrygie, 8, 233.

Gratien. Reconnaissance de cet empereur envers Ausone, son précepteur, 16, 193.

Gravure. Manière dont les anciens gravaient sur les métaux, 14, 344.

Grèce, Grecs. Description géographique de l'ancienne Grèce, 3, 268. L'histoire de la Grèce divisée en quatre âges, 274 *et suiv.* Établissement des Grecs dans la Sicile, 5, 89. Mœurs et coutumes des Grecs, 6, 161 *et suiv.* Gouvernement républicain établi presque généralement dans toute la Grèce, 3, 296. Réflexions de M. Bossuet sur ce gouvernement, 9, 217. Amour de la liberté, caractère propre des Grecs, 12, 366. Entreprise et déclaration de la guerre chez les Grecs, 15, 48 *et suiv.* Différentes sortes de troupes dont les armées chez les Grecs étaient composées, 6, 258. Armure des Grecs, 15, 129 *et suiv.* Peuples de la Grèce de tout temps fort belliqueux, 6, 249. Religion des Grecs, jeux, 308 *et suiv.* Arts et sciences inventés pour la plupart et perfectionnés par les Grecs, 14, 272. Hommes illustres qui se sont le plus distingués chez les Grecs dans les arts et dans les sciences, 3, 382 ; 14, 300

et suiv. ;15, 323; 16, 42, 207, 122 ; 6, 34, 166.
Dialectes des Grecs, 3, 294. La Grèce devient province romaine, 12, 340.

Grégoire (St.) de Naziance, mis au rang des poètes grecs, 16, 54

Gryllus, fils de Xénophon, périt glorieusement à la bataille de Mantinée, 17, 25.

Guéricke (Otton de), consul de Magdebourg, inventeur de la machine pneumatique, 17, 321.

Gulussa, fils de Masinissa, partage après la mort de son père, le royaume avec ses deux frères, 2, 243.

Gygès fait mourir Caudaule, roi de Lydie, 2, 375.

Gylippe, Lacédémonien, marche au secours de Syracuse assiégée par les Athéniens, 5, 150.

H

Haliarte, ville de Béotie, embrasse le parti de Persée, 12, 130.

Halicarnasse, ville de la Doride, 6, 28. Siège et prise de cette ville par Alexandre, 8, 246.

Hamestris, femme de Tériteuchme, 5, 304.

Hannon, citoyen de Carthage, forme le dessein de se rendre maître de la république, 1, 421.

Hannon, Carthaginois, est mis à la tête des troupes contre Agathocle, 1, 340.

Hannon, général des Carthaginois, est défait par les Romains près des îles Égates, 1, 483 *et suiv.*

Harangue. Les anciens haranguaient les troupes avant le combat, 15, 189.

Harmodius conspire contre les tyrans d'Athènes, 3, 373.

Harmonie, femme de Thémiste, est mise à mort par l'ordre du peuple de Syracuse, 14, 47.

Harpagus, officier d'Astyage, est chargé par ce prince de faire mourir Cyrus, 3, 102.

Harpalus, gouverneur de Babylone pour Alexandre, 9, 142.

Harpate, fils de Tiribaze, assassine Arsame par l'ordre d'Ochus, 7, 420.

Harvée, docteur anglais, qui le premier a découvert la circulation du sang, 17, 366.

Hastaires, corps de troupes chez les Romains, 15, 90.

Hécatée, officier d'Alexandre, fait assassiner Attale par ordre de ce prince, 8, 211.

Hécatée, d'Abdère, grammairien grec, 15, 326.

Hégéloque, commandant de Physcon, 12, 478.

Hégésipyle, femme de Miltiade et mère de Cimon, 4, 70.

Hégétoride, Thasien, expose sa vie pour le salut de sa ville que les Athéniens assiégeaient, 4, 301.

Hélène, fille de Tyndare et femme de Ménélas, enlevée par Paris, fils de Priam, roi de Troyes, 3, 287.

Hélénus, fils de Pyrrhus, accompagne son père au siège d'Argos, 10, 185.

Hélicon de Cyzique, mathématicien, 7, 102.

Héliodore, premier ministre de Séleucus Philopator, va à Jérusalem pour en enlever les trésors, 14, 6.

Héliopole, ville de la basse Egypte, célèbre par son temple dédié au Soleil, 1, 185.

Hellanice, nourrice d'Alexandre, 9, 31.

Hellen, fils de Deucalion, roi de Thessalie, 3, 291.

Hellespont, détroit de mer entre l'Europe et l'Asie, 4, 135.

Helvidius Priscus : portrait de ce Romain, 9, 341.

Hémérodromes, coureurs chez les Grecs, 11, 122.

Hémus, montagne entre la Thrace et la Thessalie, 222.

Heptanome, ou Egypte du milieu ; sa description, 1, 149.

Héraclée, ville du Pont , 9, 253. Destruction de cette ville par Cotta, 13, 287.

Héraclée, en Etolie. Siège et prise de cette ville par Acilius, consul, 11 , 291.

Héraclée, femme de Zoïppe, de la famille d'Hiéron, massacrée avec ses enfans par l'ordre du peuple de Syracuse, 14, 47.

Héraclide, ministre de Seuthe, prince de Thrace ; sa perfidie , 5, 406.

Héraclide, banni de Syracuse, s'avance au secours de sa patrie contre Denys, 7, 119 *et suiv.*

Héraclide, ministre de Philippe ; son caractère , 11, 140.

Héraclide, de Byzance, est députe par Antiochus vers Scipion l'Africain, 11, 312.

Héraclide, trésorier de la province de Babylone, est exilé par Démétrius Soter, 12, 415.

Héraclides, ou descendans d'Hercule. Ils succèdent aux Atyades dans le royaume de Lydie, 2, 574. Ils s'emparent du Péloponèse, et sont bientôt obligés d'en sortir, 3, 288.

Héraclite, philosophe, 17, 132.

Hérauts d'armes respectés chez les anciens, 15, 59.

Herbésine, ville de Sicile, 7, 9.

Hercule, fils de Jupiter et d'Alcmène, 3, 283.

Hercule, fils d'Alexandre et de Barsine , 9, 268. Polysperchon le fait mourir, 415.

Hérippidas , Spartiate ; son exactitude trop rigoureuse, 5 , 459.

Hermias, Carien, déclaré premier ministre d'Antiochus le Grand, 10, 375.

Hermocrate, Syracusain, encourage ses citoyens à se défendre contre les Athéniens, 5, 144.

Hermogène, rhéteur grec, 15, 398.

Hermolaüs, officier à la suite d'Alexandre, conspire contre ce prince, 9, 51.

Hérode, Iduméen, est établi gouverneur de Galilée, 13, 100 *et suiv.*

Hérodien, historien grec, 16, 286.

Hérodique, un des principaux de Thessalie, 11, 447.

Hérodique, médecin, 17, 329.

Hérodote, historien grec ; sa naissance, 4, 112 ; 16, 207 *et suiv.*

Hérodote, ami de Démétrius, fils de Philippe, 11, 486.

Hérophile, médecin, 17, 328.

Hésiode, poète grec, 3, 386 ; 16, 46.

Hésychius, grammairien grec, 15, 539.

Hidarne, Perse de grande qualité, père de Statira, 5, 304.

Hiempsal, fils de Micipsa, roi de Numidie, 2, 243.

Hiérax, d'Antioche, devient premier ministre de Physcon, 12, 449.

Hiérocle, père d'Hiéron, fait exposer son fils, puis l'élève avec grand soin, 7, 218.

Hiéroglyphes : signification de ce mot, 1, 152.

Hiéron I, frère de Gélon, règne après lui à Syracuse,, 4, 313 ; 13, 341.

Hiéron II. Sa naissance, 13, 466 *et suiv.*

Hiéronyme, petit-fils d'Hiéron, règne après lui à Syracuse, 13, 278.

Hiérophantes, nom donné à celui qui présidait à la cérémonie de la fête d'Eleusis, 6, 426.

Himère, ville de Sicile ; sa fondation, 5, 99 ; sa destruction, 1, 398.

Himérée, frère de Démétrius de Phalère, 9, 289.

Himilcon, général carthaginois, 14, 68.

Hippacra, ville d'Afrique, 2, 11.

Hipparchia, sœur de Métrocle l'orateur, épouse Cratès le Cynique, 17, 84.

Hipparinus, frère de Denys, chasse Callipe de Syracuse, 7, 154.

Hipparque, fils de Pisistrate, exerce à Athènes la souveraineté après la mort de son père, 3, 371.

Hipparque, d'Alexandrie, astronome, 17, 394.

Hippias, fils de Pisistrate, conserve la souveraineté d'Athènes après la mort de son père, 3, 371 *et suiv.*

Hippocrate, célèbre médecin ; sa naissance, 17, 329. Son désintéressement, 4, 466.

Hippocrate, natif de Carthage, est envoyé par Annibal à Hiéronyme, 13, 284 *et suiv.*

Hipponax, poète satyrique, 3, 591 ; 14, 341 ; 16, 62.

Hiram, architecte employé par Salomon pour la construction du temple, 14, 301.

Histoire. Idée qu'elle nous donne de l'origine et du progrès des royaumes, 1, 133. Utilité que l'on doit tirer de la lecture de l'histoire, 3, 432.

Holopherne, commandant pour le roi d'Assyrie, 2, 364.

Holopherne, frère supposé d'Ariarathe, chasse ce frère du trône de Cappadoce, et règne à sa place, 12, 303 *et suiv.*

Homère, poète célèbre, 3, 382 ; 16, 43. Homère peut être regardé comme le plus ancien des géographes, 17, 414.

Hopital (M. le marquis de l') a fait honneur à la géométrie, 17, 381.

Horace, poète latin, 16, 136 *et suiv.*

Hyacinthe, fête célébrée en son honneur à Lacédémone, 4, 201.

Hyagnis, musicien à qui l'on attribue l'invention de la flûte, 14, 482.

Hybla, ville de Sicile, 5, 99.

Hydarne commande dans l'armée de Xerxès les Perses appelés immortels, 4, 143.

Hydraote, fleuve des Indes, 9, 91.

Hyperbolus, Athénien; son caractère, 5, 90.

Hypéride, orateur grec, 16, 293.

Hypsicratia, épouse de Mithridate, 13, 331.

Hyrcan, fils de Joseph, est envoyé par son père à la cour d'Alexandrie, 11, 393.

Hyrcan (*Jean*), fils de Simon, est proclamé souverain sacrificateur et prince des Juifs, 12, 465 *et suiv.*

Hyrcan, fils d'Alexandre Jannée, est fait souverain sacrificateur des Juifs, 13, 51 *et suiv.*

Hyrcaniens, peuples aux environs de la Babylonie soumis par Cyrus, 2, 442.

Hystaspe, père de Darius, gouverneur de la Perse, 3, 132.

Hystaspe, second fils de Xerxès, est fait gouverneur de la Bactriane, 4, 230 *et suiv.*

Hystié, tyran de Milet, engage les chefs d'Ionie à ne pas abandonner Darius occupé à faire la guerre aux Scythes, 4, 38 *et suiv.*

I

Ialysus, fondateur de Rhodes, représenté dans un tableau par Protogène, 9, 480; 14, 448.

Ibériens, peuples d'Asie domptés par Pompée, 13, 338.

Ibis, animal adoré par les Egyptiens, 1, 215.

Ibycus, poète grec, 16, 70.

Icétas de Syracuse, roi des Léontins, fait mourir la femme et la belle-mère de Dion, 7, 147.

Ichneumon, animal adoré en Egypte, 1, 215.

Ictinus, architecte qui bâtit le temple de Cérès et de Proserpine à Eleusis, 14, 320.

Iduméens, peuple de Palestine. Hyrcan les oblige d'embrasser le judaïsme, 13, 70.

Ile , partie de la ville de Syracuse ; sa description , 5, 132.

Ilotes. Origine et condition des Ilotes, 3, 444. Cruauté des Lacédémoniens à leur égard , 5 , 61. Révolte des Ilotes contre les Lacédémoniens, 4 , 336.

Imilcon, fils d'Hannon , est donné pour lieutenant à Annibal qui allait commander en Sicile, 1, 399. Il termine la guerre par un traité qu'il fait avec Denys, et retourne à Carthage, 402 *et suiv.*

Inachus, roi d'Argos, 3, 282.

Inarus , prince des Libyens , est choisi par les Egyptiens pour être leur roi, 4, 308 *et suiv.*

Inceste, usité parmi les Perses, 3, 119.

Indathyrse, roi des Scythes , attaqué par Darius, 4 , 34.

Inde , région de l'Asie , divisée en deux parties, 2, 269 ; 9, 56. Dispute fort singulière de deux femmes indiennes après la mort de leur mari commun, 9 , 376. Expéditions de Sémiramis dans l'Inde, 2, 304. Conquête de l'Inde par Darius, 4, 45 ; puis par Alexandre , 9, 63.

Infini. Découverte du calcul de l'infini, 17 , 378.

Instruction gratuite , établie dans l'université, 3, 174.

Instrumens de musique chez les anciens, 15, 7.

Intapherne, seigneur persan ; son insolence et sa punition , 3, 474.

Intérét de l'argent chez les Romains, 13, 282.

Invalides. Hôtel royal établi en France pour les invalides, 15, 243.

Iolas, second fils d'Antipater et échanson d'Alexandre, est soupçonné d'avoir empoisonné ce prince, 9, 176.

Ion, fils de Xuthus, qui a donné son nom à l'Ionie, 3, 192.

Ion, favori de Persée, livre les enfans de ce prince à Octavius, 14, 242.

Ionie, province de l'Asie mineure, 3, 274.

Ioniens. Révolte des Ioniens contre Darius, 4, 47 *et suiv.*

Ionique. Secte de philosophes appelée Ionique, 17, 11.

Iphigénie. Tableau fameux d'Iphigénie peint par Timanthe, 14, 424.

Iphicrate, Athénien, est envoyé pour secourir Corcyre, 7, 309. Il est mis à la tête des troupes grecques dans l'expédition d'Artaxerxe contre l'Egypte, 401 *et suiv.*

Ipsus, ville de Phrygie, célèbre par la victoire de Ptolémée, de Cassandre, de Séleucus et de Lysimaque, sur Antigone et Démétrius, 10, 18.

Isadas, jeune Spartiate, grandeur de son courage, 7, 403.

Isagoras, Athénien, se forme un parti dans Athènes après l'expulsion des tyrans, 3, 580.

Ischolas, Spartiate, garde un passage important pendant l'irruption des Thébains dans la Laconie, et s'y distingue d'une manière particulière, 7, 531.

Isée, orateur grec, 16, 390.

Isménias, Thébain, est fait prisonnier avec Pélopidas par Alexandre de Phères, 7, 355.

Isménie, polémarque de Thèbes, est arrêté par Léontide, et conduit dans la citadelle de cette ville, 7, 278.

Isocrate, orateur grec; sa naissance, 16, 381. Services qu'il tâchait de rendre aux Athéniens par ses écrits, 7, 442; 8, 87.

Isocrate, Grec, grammairien de profession, est conduit à Rome pour avoir voulu justifier l'assassinat d'Octavius, 12, 413.

Israélites, voy. *Juifs*. Musique des prêtres israélites, 15, 17.

Issus, ville de Cilicie, célèbre par la victoire d'A-
lexandre sur Darius, 8, 271.

Isthmiques, jeux solennels de la Grèce, 6, 265.

Italie, région de l'Europe. Bonté des vins d'Italie, 14, 158.

Italiens massacrés dans les Etats de Mithridate
par ordre de ce prince, 13, 215.

Italique. Secte de philosophes appelée Italique,
17, 105.

Ithobal, roi de Tyr, lors du siège de cette ville
par Nabuchodonosor, 2, 340.

Ithome, ville de Messénie, célèbre par le combat
qui s'y donna entre les Lacédémoniens et les Messéniens, 3, 252. Les habitans de cette ville soumis
par les Lacédémoniens, 4, 351.

Itinéraire d'Antonin, 17, 406.

Iturée, partie de la Célésyrie, 13, 70.

J

Jaddus, grand prêtre des Juifs, 8, 353. Sa mort,
9, 318.

Jansen (*Zacharie*), Hollandais, inventeur du télescope et du microscope, 17, 318.

Jason, tyran de Phères, est déclaré généralissime
des Thessaliens, 7, 351.

Jason, grand prêtre des Juifs, 12, 16 *et suiv.*

Javan, ou *Ion*, fils de Japhet, père de tous les
peuples connus sous le nom des Grecs, 3, 276.

Jean, surnommé le Grammairien, 10, 62.

Jean de Meurs, musicien, donne aux notes une
valeur inégale, 10, 13.

Jéchonias, roi de Juda, est emmené captif à Babylone, 2, 337.

Jérusalem, ville de Palestine, 2, 273 Prise de cette
ville par Néchao, 1, 303. Elle est assiégée par Sennachérib, et est délivrée miraculeusement, 2, 327

et suiv. Ses fortifications rétablies par ordre d'Artaxerxe, 4, 319. Entrée d'Alexandre dans Jérusalem, 8, 355. Cette ville est assiégée et prise par Ptolémée, 9, 323. Elle est prise et pillée par Antiochus Epiphane, 13, 26 *et suiv.* Elle est prise par Antiochus Sidète, qui en fait démolir les fortifications, 12, 466. Pompée se rend maître de Jérusalem, 13, 92 *et suiv.* Siège et prise de cette ville par Tite, 15, 278.

Jésus-Christ. Son empire prédit par Daniel, 3, 84.

Jeux. Ils faisaient, chez les anciens, partie de la religion, 6, 361 *et suiv.*

Joachas, roi de Judée. Néchao l'emmène captif en Egypte, où il meurt, 1, 303.

Joakim est placé par Néchao sur le trône de Judée à la place de son frère Joachas, 1, 304. Il est soumis par Nabuchodonosor, 2, 335.

Jonathan, Juif et Saducéen, attire dans son parti Hyrcan qui avait embrassé celui des Pharisiens, 13, 17.

Jonathas, frère de Judas Machabée, lui succède dans le gouvernement de la Judée, 13, 395 *et suiv.*

Joseph, fils de Jacob, 1, 263.

Joseph, neveu d'Onias, est envoyé en Egypte pour excuser son oncle auprès de Ptolémée, 10, 247.

Josèphe, Juif, historien grec, 16, 256.

Josias, roi de Juda, marche à la rencontre de Néchao, est vaincu, 1, 302.

Juba I, roi de Mauritanie, est vaincu par César, et se donne la mort, 2, 259.

Juba II, fils du précédent, encore enfant, sert d'ornement au triomphe de César, 2, 259.

Jubal, inventeur de la musique, 14, 468.

Judas, dit Machabée, troisième fils de Mathathias, est choisi par son père pour général contre Antiochus Epiphane, 12, 61 *et suiv.* Il remporte de nou-

reaux avantages sur les généraux d'Antiochus Eupator, et sur le roi même en personne, 12, 588 *et suiv.*

Judée, région de la Syrie appelée aussi Palestine, 2, 273. Revenu annuel de la Judée du temps de Salomon, 14, 238.

Judith, femme juive. Courage et hardiesse de Judith. 2, 364.

Jugurtha, petit-fils de Masinissa, est adopté par Micipsa et associé aux autres enfans de ce prince, 2, 243 *et suiv.*

Juifs. Massacre des Juifs par ordre de Sennachérib, 1, 323 *et suiv.* Cyrus donne un édit qui leur permet de retourner à Jérusalem, 3, 73. Ils sont traversés dans le rétablissement de leur ville par les Samaritains, 475. Édit de Darius contre les Juifs, révoqué à la sollicitation d'Esther, 158. Les Juifs sont confirmés dans leurs privilèges par Xerxès, 4, 111 : puis par Artaxerxe, 316. Ochus emmène un grand nombre de Juifs captifs en Egypte, 7, 366. Les Juifs refusent de se soumettre à Alexandrie, 8, 568 *et suiv.* Les Juifs s'établissent en grand nombre à Alexandrie, 9, 409. Tous ceux qui étaient esclaves dans l'Egypte sont remis en liberté, 10, 119. Les Juifs se soumettent à Antiochus le Grand, 11, 146. Cruautés qu'ils éprouvent de la part d'Antiochus Epiphane, 12, 27 *et suiv.* Ils remportent, sous la conduite de Judas Machabée, de grandes victoires, 62 *et suiv.* ; 588 *et suiv.*

Julius, député par les Romains dans l'Achaïe, 12, 335.

Julius Pollux, philologue, 15, 381.

Junius, consul, est vaincu sur mer par les Carthaginois, 1, 478.

Jupiter, planète, 17, 446.

Jurisconsultes célèbres de l'antiquité, 17, 236,

Jurisprudence des anciens, 17, 231.

Justin, historien latin, 16, 358.

Justinien, l'empereur, fait réformer le droit romain, 17, 242.

Juvénal, poète latin, 16, 171.

Juventius Thalna (*P.*), préteur romain, marche contre Andriscus, 12, 330.

L

Labdale, fort situé aux environs de Syracuse, 5, 133.

Labérius (*Décimus*), chevalier romain et poète, 16, 121.

Laborosoarchod monte sur le trône d'Assyrie, et est tué peu de temps après, 2, 346.

Labyrinthe d'Égypte ; sa description, 1, 159.

Lac de Mœris, 1, 161.

Lacédémone, ou *Sparte*, ville du Péloponèse, capitale de la Laconie ; ses rois, 3, 287 *et suiv.* Les Lacédémoniens délivrent Athènes de la tyrannie des Pisistratides , 376. Ils entreprennent de rétablir Hippias, fils de Pisistrate, 380 ; 4, 89 *et suiv.* Moyens lâches qu'emploient les Lacédémoniens pour se délivrer d'Alcibiade, 5, 310 *et suiv.* Ils déclarent la guerre aux Olynthiens, 7, 275 *et suiv.* Ils se révoltent contre les Macédoniens, 8, 257 *et suiv.* Sparte assiégée par Pyrrhus, 10, 173 *et suiv.* Guerre entre les Lacédémoniens et les Achéens, 12, 334. Caractère et gouvernement de Sparte, 3, 300 *et suiv.*; 6, 161 *et suiv.* Choix des généraux et des officiers, 15, 61 *et suiv.* Discipline militaire de Sparte , 7, 327 ; 15, 214. Marine des Lacédémoniens, 3, 330 ; 15, 296.

Lacharès, Thébain, commande un détachement de l'armée d'Ochus dans l'expédition de ce prince contre l'Égypte, 7, 467.

Laconie. Province du Péloponèse, 3, 270.

Lade, petite île vis-à-vis Milet, 4, 63.

Laïs, fameuse courtisane, 5, 128.

Laïus, roi de Thèbes ; ses malheurs, 3, 286.

Lamachus est nommé général avec Nicias et Alcibiade dans l'expédition des Athéniens contre la Sicile, 5, 101. Sa pauvreté le rend méprisable aux troupes, 127 ; 15, 119. Il périt au siège de Syracuse, 5, 148.

Lamia, courtisane de la suite de Démétrius, 10, 12.

Lamia, ville de Thessalie, célèbre par la victoire des Athéniens sur Antipater, 9, 279.

Lamprias, aïeul de Plutarque, 16, 264.

Langues. Réflexions sur le progrès et l'altération des langues, 15, 343.

Laodice, femme d'Antiochus Théus, est répudiée par ce prince, 10, 211 *et suiv.*

Laodice, fille de Mithridate, roi de Pont, épouse Antiochus le Grand, 10, 377.

Laodice, sœur de Démétrius Soter, et veuve de Persée, roi de Macédoine, 12, 422.

Laodice, veuve d'Ariarathe VI, exerce la régence pendant la minorité des six princes ses enfans, 12, 463.

Laodice, sœur de Mithridate Eupator, épouse en premières noces Ariarathe VII, roi de Cappadoce et en secondes noces Nicomède, roi de Bithynie, 13, 184.

Laomédon, officier d'Alexandre ; provinces qui lui échurent après la mort de ce prince, 9, 265. Il en est dépossédé par Nicanor qui le fait prisonnier, 322.

Larande, ville de Pisidie, se révolte contre Perdiccas, 9, 305.

Larisse, ville de Thessalie, 3, 272.

Lasthène, premier magistrat d'Olynthe, livre cette ville à Philippe, 8, 82.

Lasthène, de Crète, fournit à Démétrius Nicator des troupes pour monter sur le trône de Syrie, 12, 428.

Lecture de l'histoire surtout ; de quelle utilité elle est pour un prince, 8, 201. Délicatesse des Lacédémoniens sur la lecture des livres qu'on doit permettre aux jeunes gens, 4, 386.

Légion romaine, soldats dont elle était composée, 2, 92 ; 15, 90.

Législateurs célèbres de l'antiquité, Dracon, 3, 536 ; Solon, 347 ; Lycurgue, 300 ; Charondas, 9, 351 ; Zaleucus, 444.

Lélex, premier roi de Lacédémone, 3, 287.

Lélius, orateur romain, 16, 409.

Lémery. Son habileté dans la chimie, 17, 363.

Lentisque, fils de Ptolémée, est fait prisonnier par Démétrius, et renvoyé par ce prince à son père, 9, 342.

Lentulus est envoyé à Thèbes par les Romains, pour veiller sur la Béotie pendant la guerre contre Persée, 12, 137.

Lentulus, consul, est chargé de rétablir Ptolémée Aulète sur le trône, 13, 364.

Léochare, un des sculpteurs qui travaillèrent au fameux mausolée que la reine Artémise fit ériger à Mausole, son mari, 14, 374.

Léon le Corinthien défend la citadelle de Syracuse contre Icétas et les Carthaginois, 7, 172.

Léon, Athénien, est député avec Timagore à la cour de Perse, et accuse à son retour son collègue, 7, 347.

Léonat, officier d'Alexandre ; provinces qui lui échurent après la mort de ce prince, 9, 265.

Léonte, ville de Sicile, 5, 99.

Léonidas, gouverneur d'Alexandre le Grand, 8, 195.

Léonide I, roi de Sparte, défend courageusement avec trois cents Spartiates le passage des Thermopyles, 4, 159.

Léonide II règne à Sparte conjointement avec Agis, 10, 286 *et suiv.*

Léontide, polémarque de Thèbes, livre la citadelle de cette ville aux Lacédémoniens, 7, 277 *et suiv.*

Léontius, officier de Philippe, maltraite Aratus au sortir d'un repas, 10, 457.

Léosthène, Athénien, apprend à ses concitoyens la mort d'Alexandre, et les anime à secouer le joug des Macédoniens, 9, 272.

Léotychide, roi de Lacédémone, remporte une célèbre victoire sur les Perses près de Mycale, 4, 225.

Léotychide, né de Timée, femme d'Agis, passe pour être fils d'Alcibiade, et par cette raison est exclu du trône, 5, 130, 429.

Leptine, frère de Denys, est mis en fuite par les Carthaginois avec la flotte qu'il commandait, 7, 31 *et suiv.*

Leptine, Syrien, tue Octavius ambassadeur des Romains en Syrie, 12, 406.

Leptine, Syracusain, beau-père d'Hiéron, 13, 468.

Lesbos, île de la Grèce, 3, 273. Révolte de cette île contre les Athéniens, 5, 12. Excellence des vins de Lesbos, 14, 150.

Leucippe, philosophe, 17, 134.

Leuctres, bourg de Béotie, connu par la victoire que les Thébains y remportèrent sur les Lacédémoniens, 7, 319.

Levinus, consul romain, est vaincu par Pyrrhus, 10, 133.

Lévinus (*M. Valérius*) est envoyé en Grèce et en Macédoine en qualité de préteur, pour s'opposer aux entreprises de Philippe, 11, 18.

Leutychide est élu roi de Sparte à la place de Démarate, 4, 80.

Libanius d'Antioche, sophiste; ses liaisons avec St. Basile, 16, 26 *et suiv.*

Libye, partie de l'Afrique, 13, 52. Guerre de Libye ou contre les mercenaires, 2, 5 *et suiv.*

Licinius, consul, est envoyé en Macédoine contre Persée, 12, 120.

Licinius (*C.*) frère du consul, commande la cavalerie d'Italie dans l'armée de son frère, 12, 149.

Ligoras, un des commandans d'Antiochus le Grand, rend ce prince maître de la ville de Sardes, 10, 407.

Ligurie, province d'Italie; ses habitans soumis aux Marseillais par les Romains, 12, 315 *et suiv.*

Lilybée, ville de Sicile, assiégée par les Romains, 1, 473.

Linus, musicien, 14, 483.

Lionne, nom d'une courtisane. Statue érigée en son honneur par les Athéniens, 3, 378.

Lissus, ville d'Illyrie. Siège et prise de cette ville par Philippe, 11, 17.

Livius, consul, est envoyé dans la Gaule Cisalpine pour s'opposer au passage d'Asdrubal; il défait ce général dans un grand combat, 2, 118 *et suiv.*

Lois. Origine et établissement des lois, 1, cxxxv. Lois des Egyptiens, 199. Lois de Crète, 6, 182. Lois de Sparte, 3, 305. Lois d'Athènes, 550. Lois romaines, 17, 232.

Longin, rhéteur grec, 15, 400.

Lotus, plante d'Egypte dont on faisait du pain, 1, 246.

Lucain, poète latin, 16, 173.

Louis XV, roi de France. Témoignage glorieux que ce prince rend à la nation française, 11, 374.

Lucien, philologue, 16, 19.

Lucile, chevalier romain et poète, 16, 106.

Lucrèce, poète latin ; sentimens de ce poète sur la Providence, 16, 117 *et suiv.*

Lucrétius, préteur, commande la flotte romaine envoyée contre Persée, 12, 135. Il assiège Haliarte, ville de Béotie, la prend, et la ruine de fond en comble, 162.

Luculle commande la flotte romaine envoyée contre Mithridate, et remporte sur ce prince deux grandes victoires, 13, 241 *et suiv.*

Lune, planète, 17, 446. Culte que lui rendaient les Carthaginois, 1, 329.

Lusitanie, partie de l'ancienne Espagne, 1, 383.

Lutatius, consul, défait la flotte des Carthaginois, et met fin par cette victoire à la première guerre punique, 1, 480 *et suiv.*

Lycée, lieu d'exercices à Athènes, 17, 42.

Lycidas, Athénien, est d'avis qu'on écoute les propositions de Mardonius, 4, 200.

Lycie, province de l'Asie mineure, 2, 270. Elle est déclarée libre par les Romains, 12, 182, 285.

Lyciscus, députe des Acarnaniens, tâche d'engager les Lacédémoniens dans le parti de Philippe, 11, 23.

Lycisque, Étolien, est accusé d'avoir exercé de grandes cruautés contre ceux qui n'embrassaient pas le parti des Romains contre Persée, 12, 287.

Lycon, Athénien, commandant des troupes grecques de l'armée de Pisuthne, se laisse gagner par Tissapherne, et se donne à lui, 5, 55.

Lycon, philosophe, 17, 77.

Lycortas, père de Polybe, est député par les Achéens vers Ptolémée Epiphane, 11, 388.

Lycurgue, fils d'Eunomus, roi de Sparte, administre le royaume comme tuteur de Charilaüs, son neveu, 3, 300 *et suiv.*

Lycurgue, Spartiate, corrompt les éphores par argent, et se fait élire roi de Sparte, 10, 438.

Lycurgue, orateur grec, 16, 390.

Lydie, pays de l'Asie mineure, 2, 272. Rois de Lydie, 141. Elle passe au pouvoir de Cyrus, 3, 16.

Lyncée, roi d'Argos, 3, 282.

Lyncée, de Samos, grammairien grec, 15, 327.

Lyncestes Alexandre, est convaincu de conspiration contre Alexandre le Grand, 8, 484.

Lysandra, fille de Ptolémée, épouse Agathocle, fils de Lysimaque, 10, 93.

Lysandre est nommé par les Lacédémoniens, amiral de leur flotte, 5, 246 *et suiv.* Lysandre accompagne Agésilas en Asie, 440 *et suiv.*

Lysandre est élu éphore à Sparte par le crédit d'Agis, 10, 294.

Lysiade, tyran de Mégalopolis, dépose la tyrannie sur les remontrances d'Aratus, 10, 284.

Lysias, parent d'Antiochus Epiphane, est établi par ce prince gouverneur d'une partie de ses états, et précepteur d'Antiochus Eupator, 12, 65. Il s'empare de la régence du royaume pendant la minorité d'Antiochus Eupator, 389.

Lysias, un des généraux athéniens qui défirent les Lacédémoniens aux îles Arginuses, 5, 262.

Lysias, de Syracuse, orateur grec, va s'établir à Thurium, 4, 455; 16, 378. Il lève à ses dépens cinq cents hommes, et les envoie au secours d'Athènes contre les tyrans, 5, 322. Il apporte à Socrate un discours pour sa défense, 5, 103; 16, 352.

Lysiclès commande l'armée des Athéniens à la bataille de Chéronée, et est vaincu par Philippe, 8, 146.

Lysimachie, ville de Thrace, 11, 209.

Lysimaque, officier d'Alexandre le Grand ; provinces qui lui échurent après la mort d'Alexandre,

9 , 264. Il se ligue avec Ptolémée, Séleucus et Cassandre contre Antigone, 392 *et suiv.*

Lysimaque, fils d'Aristide ; sa pauvreté, 4, 265.

Lysimaque, ancien maître d'Alexandre, accompagne ce prince dans ses expéditions, 8, 319.

Lysimélie, marais aux environs de Syracuse, 5, 131.

Lysippe, fameux sculpteur, 14, 362.

Lysistrate, de Sicyone, sculpteur auquel on attribue l'invention des portraits en plâtre et en cire, 14, 341.

M

Macédoine, Macédoniens. La Macédoine, royaume de la Grèce, 3, 272 *et suiv.* Rois de Macédoine jusqu'à Philippe, 8, 23. Règnes de Philippe et d'Alexandre son fils, 16, 195. Successeurs d'Alexandre, qui régnèrent en Macédoine après la mort de ce prince, Cassandre, 10, 5 *et suiv.* Persée, 11, 492. La Macédoine est mise en liberté par les Romains, 12, 271. Et quelque temps après réduite en province romaine, 334.

Machabées. Martyre des Machabées, 7, 49 *et suiv.*

Machanidas devient tyran de Sparte, 11, 25. Il cherche à assujétir le Péloponèse, 74.

Macrobe, philologue, 15, 385.

Madate, gouverneur du pays des Uxiens pour Darius, refuse de se rendre à Alexandre, 8, 428.

Magas, Gouverneur de la Cyrénaïque et de la Libye, se révolte contre Ptolémée Philadelphe, et se fait déclarer roi de ces provinces, 10, 197.

Magas, frère de Ptolémée Philopator, est mis à mort par son ordre, 10, 394.

Mages, employés au culte divin chez les Perses 3, 234.

Magnésie, ville de Carie dans l'Asie mineure, 2, 271

Artaxerxe donne le revenu de cette ville à Thémistocle pour son entretien, 4, 287.

Magon, général Carthaginois, est envoyé en Sicile pour faire la guerre à Denys l'Ancien, 7, 3o. Il perd une grande bataille, où il est tué, 1, 412.

Magon, fils du précédent, commande l'armée des Carthaginois en Sicile, et remporte une grande victoire sur Denys l'Ancien, 1, 413 *et suiv.* Les Carthaginois le mettent à la tête des troupes qu'ils envoient en Sicile contre Denys le Jeune, 7, 172 *et suiv.*

Magon, capitaine Carthaginois, est mis à la tête de la flotte que les Carthaginois envoient au secours des Romains contre Pyrrhus, 1, 445.

Magon, frère d'Annibal, vient apporter à Carthage la nouvelle de la victoire de son frère sur les Romains près de Cannes, 2, 102.

Magon, capitaine carthaginois, est fait prisonnier en Sardaigne, 2, 111.

Maharbal, officier carthaginois, tâche d'engager Annibal à marcher droit à Rome après la bataille de Cannes, 2, 100.

Mahomet. Bruit populaire au sujet de son tombeau, 10, 220.

Malliens, peuple de l'Inde; guerre qu'ils ont à soutenir contre Alexandre, 9, 109.

Mamertins, peuples originaires d'Italie : ils s'emparent de Messine, ville de Sicile, 1, 449. Ils sont vaincus par Pyrrhus, 10, 160.

Manassé, roi de Juda, est mis aux fers par les généraux d'Asarhaddon, et emmené captif à Babylone, 2, 32o.

L. Mancinus, lieutenant du consul Pison, s'engage témérairement dans un poste d'où Scipion le tire heureusement, 2, 205.

Mandane, fille d'Astyage, roi des Mèdes, est donnée en mariage à Cambyse, roi des Perses, 2, 398 *et suiv.*

Mandanis, philosophe indien, refuse de s'attacher à la suite d'Alexandre, 9, 97.

Mandroclide, jeune Spartiate, soutient le parti de l'éphore Lysandre par zèle pour le bien publ., 10, 295.

Manéthon, prêtre égyptien, auteur de l'histoire des dynasties d'Egypte, 1, 244.

Mania, femme de Zénis, est conservée dans le gouvernement de l'Eolie après la mort de son mari, 5, 422.

M. Manlius, consul, est envoyé contre Carthage au commencement de la seconde guerre punique, 2, 190.

Manilius, tribun du peuple, dresse un décret qui charge Pompée de faire la guerre aux rois Mithridate et Tigrane, 13, 319.

Manius Curius, consul, remporte une grande victoire sur Pyrrhus, et l'oblige de sortir de l'Italie, 10, 166.

Manius Aquilius, consul, termine la guerre contre Aristonic, 12, 462.

L. Manlius, est nommé consul avec Régulus, 1, 454.

Mantinée, ville d'Arcadie, célèbre par la victoire d'Epaminondas sur les Lacédémoniens, et par celle de Philopémen sur Machanidas tyran de Sparte, 7, 372; 11, 76.

Maracande, ville capitale de la Sogdiane, passe au pouvoir d'Alexandre, 9, 7.

Marathon, petite ville de l'Attique, célèbre par la victoire des Athéniens sur les Perses, 4, 82.

M. Marcellus, consul, est envoyé en Sicile pour apaiser les troubles qui y régnaient, 14, 50 *et suiv.* Marcellus, d'abord comme préteur, puis comme consul, remporte plusieurs avantages sur Annibal, 2, 112.

L. Marcius, chevalier Romain, conserve, par sa valeur, l'Espagne aux Romains, 2, 117.

Marcius, ambassadeur des Romains dans la Grèce, a une entrevue avec Persée auprès du fleuve Pénée, 12, 125.

Q. *Marcius Philippus*, consul, est chargé de la guerre contre Persée, 12, 168 *et suiv.*

Mardonius, gendre de Darius, passe avec une armée dans la Macédoine, 4, 65 *et suiv.*

Mariages. Lois établies à Athènes et à Sparte au sujet des mariages, 4, 470.

Mariamne, petite fille d'Aristobule, épouse Hérode Iduméen, 13, 101.

Marius, lieutenant sous Métellus, supplante ce général, et se fait nommer à sa place pour terminer la guerre contre Jugurtha, 2, 254. Portrait de Marius, 16, 334.

M. *Marius*, sénateur romain, est envoyé par Sertorius au secours de Mithridate, 13, 260.

Marius Priscus, proconsul d'Afrique, est accusé d'avoir vendu la condamnation et même la vie des innocens, 16, 446.

Maronée, ville de Trace. Cruel traitement que ses habitans éprouvent de la part de Philippe, 11, 406. Vins célèbres de Maronée, 14, 148.

Marot, poète français, 15, 350.

Marseillais. Ambassade des Marseillais à Rome, 12, 315 *et suiv.* Ils obtiennent des Romains la grace de Phocée qui était condamnée à être détruite, 463.

Marsyas, musicien à qui l'invention de la flûte est attribuée, 14, 483.

Marsyas commande l'armée que Cléopâtre, femme de Physcon, avait levée contre ce prince, 12, 447.

Martial, poète latin, 16, 184.

Masinissa, roi de Numidie, embrasse le parti des Romains contre les Carthaginois, 2, 124, 175 *et suiv.* Il donne du secours aux Romains dans la guerre contre Persée, 12, 121. Il meurt et établit en mourant Scipion Émilien tuteur de ses enfans, 2, 243.

Masiste, fils de Darius et d'Atosse, est un des six commandans de l'armée de Xerxès, 4, 143. Mort tragique de Masiste et de ses enfans, 230.

Massiva, prince numide, est égorgé au milieu de Rome par ordre de Jugurtha, 2, 252.

Mastanabal, fils de Masinissa, partage avec ses deux frères le royaume de Numidie après la mort de leur père, 2, 243.

Mathanias est élevé sur le trône de Juda à la place de Jéchonias son neveu, 2, 337.

Mathathias, juif de la race sacerdotale, refuse d'obéir aux ordonnances d'Anthiocus, 12, 49

Mathématiques. Etendue de cette science, 17, 368

Mathos, de concert avec Spendius, fait révolter les mercenaires contre les Carthaginois, 2, 10 *et suiv.*

Mausole, roi de Carie, entre dans une conspiration contre Artaxerxe, 7, 415 *et suiv.*

Mazagues, ville de l'Inde, assiégée et prise par Alexandre, 9, 66.

Mazare, seigneur macédonien, est établi par Alexandre gouverneur de la citadelle de Suse, 8, 423.

Mazée, gouverneur de Memphis pour Darius, abandonne cette ville à Alexandre, 8, 375. Il commande la cavalerie dans l'armée de Darius à la bataille d'Arbelles, 408.

Mécène, favori d'Auguste, et protecteur des gens de lettres, 4, 420; 142. Portrait de Mécène par Paterculus, 16, 336.

Mécanique, définition de cette science, et son utilité, 17, 388.

Médailles. Différence entre les médailles et les monnaies, 14, 243.

Médecine. Origine et antiquité de la médecine, 3, 211; 17, 325 *et suiv.*

Médée. Moyens qu'elle emploie pour se dérober à la poursuite de son père, 13, 274.

Mèdes, anciens peuples de l'Asie, habitans de la Médie, 2, 349 *et suiv.* Réunion de l'empire des Mèdes à celui des Perses, 3, 72. Révolte des Mèdes contre Darius Nothus, 5, 59.

Médie, royaume de l'Asie supérieure, 2, 269. Description de ce royaume par Polybe, 11, 91.

Médon, fils de Codrus, est mis à la tête de la république d'Athènes sous le titre d'Archonte, 3, 286.

Mégabate, noble Persan, fait échouer l'entreprise des Perses sur l'île de Naxe par pique contre Aristagore. 4, 50.

Mégabyze, gouverneur de la Thrace pour Darius, fait révoquer à ce prince la permission qu'il avait donnée à Hystiée de bâtir une ville dans la Thrace, 4, 41.

Mégabyze, fils de Zopyre, est un des six commandans de l'armée de Xerxès, 4, 143. Il découvre le complot formé par Artabane contre Artaxerxe, 272 *et suiv.*

Mégaclès, fils d'Alcméon, se met à la tête d'une des factions qui partageaient Athènes du temps de Solon, 3, 364.

Mégaclès, ami de Pyrrhus, 10, 133.

Mégadate est établi par Tigrane vice-roi de Syrie, 13, 35. Tigrane le rappelle auprès de lui, 309.

Mégaléas, officier de Philippe, se livre en entier à Apelle, ministre de ce prince, 10, 443 *et suiv.*

Mégalopolis, ville d'Arcadie, 7, 449. Aratus la fait entrer dans la ligue des Achéens, 10, 275.

Mégara, nom d'un quartier de la ville de Carthage, 2, 210.

Mégare, ville d'Achaïe, sa fondation, 3, 294. Cette ville se joint à la ligue des Achéens, 10, 275.

Méléagre, poète grec, 16, 81.

Mégistone, capitaine lacédémonien, est envoyé par Cléomène au secours d'Argos, et est tué dans cette ville en combattant, 10, 338.

Mélitus, orateur athénien, se porte pour accusateur contre Socrate, 6, 103 *et suiv.*

Mélon, Thébain, est nommé béotarque avec Pélopidas et Charon, 7, 300.

Memnon, Rhodien, rentre en grace auprès d'Ochus contre lequel il avait porté les armes, 7, 473. Il tâche d'empêcher les généraux de Darius de donner la bataille du Granique, 8, 231 *et suiv.*

Memnon. Statue dans la Thébaïde. Merveilles qu'on en raconte, 1, 148.

Memphis, ville d'Égypte; sa fondation, 1, 22. Prise de cette ville par Cambyse, 3, 110; puis par Alexandre, 8, 375.

Memphitis, fils de Physcon et de Cléopâtre, est égorgé par son père, coupé par morceaux et envoyé à sa mère, 12, 478.

Ménandre, Athénien, est donné pour collègue à Nicias qui commandait en Sicile, 5, 164. Il est cause en partie de la défaite des Athéniens près d'Ægos-Potamos, 284.

Ménandre, poète comique, 16, 60.

Ménandre, officier d'Alexandre; provinces qui lui échurent après la mort d'Alexandre, 9, 265.

Mendès, ville d'Egypte, 7, 412.

Ménécrate, médecin, 17, 337. Ridicule vanité de ce médecin, 8, 175.

Ménélas, frère de Ptolémée, est vaincu par Démétrius, et est obligé de se retirer dans Salamine, 9, 457.

Ménélas supplante Jason, son frère, qui était souverain sacrificateur des Juifs, et obtient sa charge, 12, 20.

Ménès ou *Mesraïm*, premier roi d'Egypte, 1, 258.

Ménon commande les troupes thessaliennes de l'armée de Cyrus dans l'expédition de ce prince contre son frère Artaxerxe, 5, 342. Tissapherne

l'arrête par trahison avec les autres généraux grecs, et le fait mourir, 5, 380.

Ménostane, neveu d'Artaxerxe Longue-main, est vaincu et mis en fuite par Mégabyze, 4, 314.

Mentor, Rhodien, est envoyé par Nectanébus en Phénicie pour y soutenir les rebelles, 7, 459.

Ménille commande la garnison macédonienne qu'Antipater met dans Munychia, 9, 286. Cassandre lui ôte la garde de cette forteresse, 331.

Mer Rouge. Le passage de la mer Rouge désigné clairement dans Diodore de Sicile, 1, 265.

Mercenaires. Guerre des mercenaires contre les Carthaginois, 2, 5.

Mercure, Égyptien, à qui l'Égypte doit l'invention de presque tous les arts, 1, 267.

Méric, Espagnol, livre de nuit une porte de Syracuse à Marcellus, 14, 83.

Mermnades, race des rois de Lydie, 2, 374.

Mérodach-Baladan, roi de Babylone, envoie des ambassadeurs à Ezéchias pour le féliciter sur sa convalescence, 2, 319.

Méroé, fille de Cyrus, devient la femme de son frère Cambyse, 3, 118.

Mésabate, eunuque, coupe la tête et la main de Cyrus le jeune par ordre d'Artaxerxe, 5, 357. Supplice que Parysatis lui fait souffrir, 413.

Messageries, établies en France par l'université de Paris, 3, 173.

Messénie, région du Péloponèse, 3, 450.

Messéniens. Première guerre entre les Messéniens et les Lacédémoniens, 3, 450 *et suiv*. Ils sont rétablis par les Thébains, 7, 335. Troubles entre les Messéniens et les Achéens, 11, 417 *et suiv*.

Messine ou *Messane*, ville de Sicile, 1, 443.

Métagène, architecte, 14, 304.

Métaphysique des anciens, 17, 253.

Métellus (*L.*), consul, est chargé de la guerre contre Jugurtha, 2, 253.

Métellus (*Q. Cécilius*), préteur romain, soumet Andriscus, 12, 335.

Métempsycose. Opinion de la métempsycose, 17, 116.

Méthone, ville de Thrace, détruite par Philippe, 8, 60.

Méton, astronome, contrefait le fou, et pourquoi, 5, 67; 17, 400.

Métrodore, de Scepsis, va en ambassade pour Mithridate auprès de Tigrane, 13, 289.

Métrodore, peintre et philosophe, est donné par les Athéniens à Paul Émile pour être auprès de ses enfans, 12, 253.

Michel-Ange, célèbre sculpteur; son habileté et sa modestie, 14, 369.

Micipsa succède à son père Masinissa dans le royaume de Numidie, 2, 243.

Micythe, tuteur des enfans d'Anaxilaüs. Prudence avec laquelle il gouverne sa tutelle, 4, 421.

Midias, gendre de Mania, assassine sa belle-mère avec son fils, pour s'emparer de ses biens et de son gouvernement, 5, 424.

Milet, ville d'Ionie, 4, 52. Cruautés exercées à Milet par Lysandre, 5, 330. Siège et prise de Milet par Alexandre, 8, 241.

Milon, de Crotone, fameux athlète, défait l'armée des Sybarites, et ruine leur ville, 4, 434.

Milthocite, Thracien, abandonne les Grecs après la bataille de Cunaxa, et se rend à Artaxerxe, 5, 370.

Miltiade, Athénien, tyran de la Chersonèse de Thrace, accompagne Darius dans son expédition contre les Scythes, 4, 38.

Mimnermus, poète grec, 16, 76.

Mindare, amiral de Sparte, est vaincu et tué dans un combat par Alcibiade, 5, 233.

Mines de fer, 14, 204 *et suiv.*

Minerve, déesse, 6, 315.

Minos, premier roi de Crète, 5, 423 *et suiv.*

Minucius (*Marcus*) est donné à Fabius pour général de la cavalerie, 2, 82 *et suiv.*

Miroir ardent, par le moyen duquel on dit qu'Archimède brûla une partie de la flotte romaine, 14, 67.

Misaël, l'un des trois jeunes Hébreux conservés miraculeusement dans la fournaise, 2, 338.

Mithras, nom que les Perses donnaient au soleil, 5, 309.

Mithridate I, roi de Pont, 9, 248. Ce prince se soumet à Alexandre, et l'accompagne dans ses expéditions, 8, 246.

Mithridate II, roi de Pont, prend la fuite pour se soustraire à la fureur d'Antigone, 9, 248.

Mithridate III, roi de Pont, ajoute à ses Etats la Cappadoce et la Paphlagonie, 9, 248.

Mithridate IV, roi de Pont, 9, 248.

Mithridate V, surnommé Evergète, roi de Pont, envoie du secours aux Romains contre les Carthaginois, 9, 248. Les Romains, en récompense, lui accordent la grande Phrygie, 12, 463 *et suiv.*

Mithridate VI, surnommé Eupator, monte sur le trône de Pont, 12, 480; 13, 202 *et suiv.* Portrait de ce prince par Paterculus, 16, 335. Il s'est rendu illustre dans la médecine, 17, 338.

Mithridate I, roi des Parthes, défait Démétrius, et le fait prisonnier, 12, 442; 13, 110.

Mithridate II, surnommé le Grand, monte sur le trône des Parthes après la mort de son oncle Artabane, 12, 476; 13, 110. Il rétablit dans ses Etats Antiochus Eusèbe qui s'était réfugié auprès

de lui , 31. Il envoie un député à Sylla , pour faire alliance avec les Romains , 205.

Mithridate III monte sur le trône des Parthes après la mort de Phraate, 13, 213.

Mithridate, jeune seigneur persan, se vante d'avoir porté le coup mortel à Cyrus le jeune , 5, 357. Parysatis le fait mourir, 413.

Mithridate, eunuque et grand chambellan de Xerxès, se rend complice du meurtre de ce prince , 4 , 271.

Mithridate, de Pergame , amène des troupes en Egypte au secours de César, 13, 392.

Mithrobarzane, favori de Tigrane, est chargé par ce prince d'aller contre Luculle, 13, 290.

Mytilène, capitale de l'île de Lesbos, 3, 273. Prise de cette ville par les Athéniens, 5, 22.

Mnasippe est envoyé par les Lacédémoniens avec une flotte pour reprendre Corcyre sur les Athéniens, 7 , 308.

Mnaskirès, roi des Parthes, 13, 112.

Mnévis, nom du bœuf adoré en Egypte, 1, 188.

Modestinus (Hérennius), ancien jurisconsulte , 17 , 241.

Mœris, roi d'Egypte, 1, 162. Fameux lac qu'il fit construire, 1, 161.

Molière, poète français; en quoi il diffère de Térence, 16, 166.

Moloch, nom donné à Saturne dans l'Ecriture, 1, 330.

Molon est établi par Antiochus le Grand, gouverneur de la Médie, 10, 375.

Molon, de Rhodes, célèbre rhéteur de qui Cicéron prit des leçons, 15, 415 ; 16, 426.

Momies d'Egypte , 1 , 222.

Monde. Formation du monde, 17, 286.

Monime, d'Ionie ; Mithridate l'attache à sa suite , 13 , 215. Elle épouse ce prince, 276.

Montaigne, auteur français, 15, 350.

Monumens que les anciens érigeaient à ceux qui mouraient pour leur patrie, 4, 96. Quels sont les monumens les plus durables, 348.

Mort. Jugement public des morts chez les Egyptiens, 1, 224. Attention des anciens à rendre aux morts les derniers devoirs, 5, 268. Défense que fit Solon de dire du mal des morts, 3, 362.

Motya, ville de Sicile, 1, 390.

Mummius, consul, est chargé de la guerre d'Achaïe, 12, 341 *et suiv.* Il conserve les statues élevées à la mémoire de Philopémen, 11, 423. Noble désintéressement de Mummius, 12, 554.

Muréna commande la gauche de l'armée de Sylla à la bataille de Chéronée, 13, 131 *et suiv.*

Muret, l'un des plus savans hommes de son siècle; tour qu'il joue à Scaliger, 14, 371.

Murex, petit animal qui donne la couleur pourpre, 14, 252.

Musa (*Antonius*), médecin de l'empereur Auguste, 17, 341.

Muséon, académie de savans établie sous ce nom à Alexandrie, 10, 59.

Musican, prince indien, soumis par Alexandre, 9, 119.

Musique. Son origine, 14, 466. Jusqu'à quel point de perfection elle a été portée par les anciens, 3, 208. Elle a fait dans tous les temps le plaisir de toutes les nations, 14, 471. Les Grecs la regardaient comme une partie essentielle de l'éducation de la jeunesse, 6, 239; 14, 472 *et suiv.* Théâtre de musique à Athènes, 4, 356. Combats de musique à la fête des Panathénées, 6, 315 *et suiv.*

Mycale, promontoire du continent d'Asie, 4, 223.

Mycènes, ville du Péloponèse, 3, 282.

Mycérinus, roi d'Egypte, 1, 282.

Mycon, peintre, n'imite pas la générosité de Polygnote, son confrère, 14, 412.

Myron, Athénien, sculpteur, 14, 348.

Myronide, chef des Athéniens, défait les Spartiates en Béotie, 4, 341.

Myrto, seconde femme de Socrate, de laquelle il eut beaucoup à souffrir, 6, 66.

Myscellus, chef des Achéens, fondateur de Crotone, 4, 430.

Mystères. Fêtes des grands et petits mystères célébrées à Athènes en l'honneur de Cérès d'Eleusis, 6, 324.

N

Nabarzane, général de la cavalerie dans l'armée de Darius, 8, 441 *et suiv.*

Nabis se rend tyran à Sparte, 11, 86 *et suiv.*

Nabonassar ou *Bélésis*, roi de Babylone, 2, 319.

Nabopolassar, roi de Babylone, s'unit avec Cyaxare, roi des Mèdes, 2, 431, 467 *et suiv.*

Nabuchodonosor I, ou *Saosduchin*, roi de Ninive, 2, 430, 457.

Nabuchodonosor II est associé à l'empire d'Assyrie par Nabopolassar, 1, 304 *et suiv.*; 2, 432 *et suiv.*

Nævius, poète et historien latin, 16, 86, 291.

Naphte, espèce de bitume inflammable, 8, 414.

Naravase, seigneur numide, se joint à Barca dans la guerre contre les mercenaires, 2, 14.

Navigation. Son origine, 15, 281. Changement merveilleux apporté dans la navigation par le moyen de la boussole, 17, 434.

Naupacte, ville d'Etolie, 3, 271. Siège de cette ville par Acilius, 11, 291.

Naxe, île des Cyclades, 4, 47.

Néapolis, quartier de la ville de Syracuse, 5, 140.

Néarque, officier d'Alexandre, se charge d'aller reconnaître la côte de l'Océan depuis l'Inde jusqu'au fond du golfe persique; il réussit dans son entreprise, 9, 124 *et suiv.*

Néchao, roi d'Egypte; ce prince entreprend de joindre le Nil avec la mer Rouge, 1, 300 *et suiv.*

Nectanébus est placé par les Egyptiens révoltés sur le trône d'Egypte à la place de Tachos, 7, 410 *et suiv.*

Néhémie, Juif, échanson d'Artaxerxe, obtient de ce prince la permission de retourner à Jérusalem, et d'en rebâtir les fortifications, 4, 318.

Nélée, de Scepsis, à qui Théophraste avait laissé les ouvrages d'Aristote, 13, 151.

Némée, ville voisine de Corinthe, 5, 475. Jeux établis près de cette ville, 6, 366.

Nemrod, fondateur du royaume d'Assyrie, 2, 277 *et suiv.*

Néolas, frère de Molon et d'Alexandre, vient annoncer à ce dernier la défaite de Molon par Antiochus, puis se tue de désespoir, 10, 385.

Néoptolème, officier d'Alexandre; provinces qui lui échurent après la mort de ce prince, 9, 265.

Néoptolème, oncle de Pyrrhus, règne en Epire à la place de son neveu; Pyrrhus le fait périr, 2, 252.

Néoptolème, poète grec, 8, 163.

Nériglissor se met à la tête d'une conjuration contre Evilmérodac, roi d'Assyrie, et règne en sa place, 2, 245. Il fait la guerre aux Mèdes, et est tué dans un combat, 339.

Néron (*C. Claud. Nero*), consul, 2, 118.

Névius, officier romain, surprend de nuit Philippe dans son camp près d'Apollonie, 11, 10.

Newton, philosophe anglais, 17, 315, 330.

Nicandre est député par les Etoliens vers Philippe, 11, 240.

Nicandre, poète grec, 16, 51.

Nicanor, jeune officier dans l'armée d'Alexandre, 9, 75.

Nicanor, frère de Cassandre, 9, 257.

Nicanor, gouverneur de la Médie sous Antigone, 9, 405.

Nicanor, officier de Séleucus Céraunus, conspire contre la vie de ce prince, et l'empoisonne, 10, 374.

Nicanor, lieuten.-général d'Antiochus Epiphane, marche contre les Juifs, 12, 67 *et suiv.* Démétrius Soter l'envoie avec une armée dans la Judée, pour assister Alcime, 411.

Nicée, ville bâtie par Alexandre à l'endroit où il avait défait Porus, 9, 88.

Nicias, général des Athéniens, leur fait conclure la paix avec les Lacédémoniens, 5, 74 *et suiv.*

Nicias, garde des trésors de Persée, 12, 179.

Nicias, Athénien, fameux peintre, 14, 453.

Nicoclès, fils d'Evagore, règne à Salamine, 7, 396.

Nicoclès, roi de Paphos, se soumet à Ptolémée, 9, 399.

Nicoclès, tyran de Sicyone, est chassé de cette ville par Aratus, 10, 255.

Nicogène, hôte de Thémistocle à Æges, 4, 281.

Nicolas, un des généraux de Ptolémée, 10, 398.

Nicolaüs, vieillard respectable, harangue les Syracusains pour les détourner de condamner à mort les généraux athéniens, 5, 200.

Nicomède I, roi de Bithynie, bâtit la ville de Nicomédie, 9, 248, 440.

Nicomède II, fils de Prusias, roi de Bithynie, va à Rome, 12, 311. Il aposte un enfant à qui il donne

le nom d'Ariarathe, et fait demander pour lui aux Romains le royaume de Cappadoce, 13, 186, 204.

Nicomède III monte sur le trône de Bithynie, 13, 207 *et suiv.*

Nicon, athlète, 7, 179.

Nicostrate, d'Argos, commande un des trois détachemens de l'armée d'Ochus dans l'expédition de ce prince contre l'Egypte, 7, 467.

Nicostrate, préteur des Achéens, défait les troupes d'Androsthène qui commandait pour Philippe Corinthe, 11, 189.

Nil, fleuve d'Afrique. Source du Nil, 1, 166 *et suiv.*

Nilée, fils de Codrus, s'établit dans l'Asie mineure, 3, 293.

Ninive, ville d'Assyrie; sa fondation; description de cette ville, 2, 272 *et suiv.*

Ninus, roi d'Assyrie, succède à Nemrod, et est souvent confondu avec ce prince, 2, 273 *et suiv.*

Ninyas, fils de Ninus et de Sémiramis, règne en Assyrie, 2, 310.

Nitocris, reine de Babylone, 2, 346.

No - Amon, fameuse ville d'Egypte, 1, 292.

Noé est le premier qui planta la vigne, 14, 147.

Nomes, ou gouvernemens d'Egypte, 1, 145.

Norbanus, Romain accusé de sédition, qu'Antoine fit absoudre par la force de son éloquence, 16, 412.

Novelles de Justinien, 17, 243.

Numides, peuples d'Afrique, 2, 173.

Nypsius, général de Denys le Jeune, secourt la citadelle de Syracuse, que les Syracusains serraient de près, 7, 131.

Nysa, nourrice de Bacchus, 10, 73.

Nyse, ville de l'Iude, se rend à Alexandre, 9, 65.

Nysa, sœur de Mithridate, tombe entre les mains de Luculle, 3, 273.

O

Obélisques d'Egypte, 1, 151. Leur utilité, 17, 406.

Observatoire bâti à Paris par ordre de Louis XIV, 17, 413.

Ocha, sœur d'Ochus, est enterrée toute vive par ordre de ce prince, 7, 430.

Ochus prend le nom de Darius pour avoir arrêté l'insolence du mage, 3, 469.

Ochus, fils d'Artaxerxe Longue - main, marche à la tête d'une bonne armée contre Sogdien, 5, 50.

Ochus, fils d'Artaxerxe Mnémon, se fraie un chemin à l'empire par le meurtre de ses frères, 7, 429 *et suiv.*

Octavie, veuve de Marcellus et sœur du jeune César, épouse Antoine, 13, 411.

Octavius (*Cn.*), préteur, commande la flotte romaine envoyée contre Persée, 12, 191 *et suiv.*

Octavius, lieutenant de Crassus, 13, 145.

Odéon, ou théâtre de musique à Athènes, 4, 356.

Oébarès, écuyer de Darius, assure par son artifice la couronne de Perse à son maître, 3, 136; 470.

Oébazus, seigneur persan; cruauté barbare de Darius à son égard, 4, 32.

Officiers. Choix des officiers chez les anciens, 15, 61.

Olthace, roi de Colchide, est soumis par Pompée, qui le fait servir d'ornement à son triomphe, 13, 339.

Olympe. Il y a eu deux Olympes, tous deux fameux joueurs de flûte, 13, 256.

Olympias, fille de Néoptolème, est mariée à Phi-

lippe, roi de Macédoine, et a de ce mariage Alexandre le Grand, 8, 42. Philippe la répudie, 162, Polysperchon la rappelle de l'Epire où elle s'était retirée pendant la régence d'Antipater, et partage l'autorité avec elle, 9, 328 *et suiv.*

Olympie, ville de l'Elide dans le Péloponèse, célèbre par le temple de Jupiter, 6, 365.

Olympie, château dans le voisinage de Syracuse, 5, 134.

Olympiques, jeux solennels de la Grèce, 6, 365.

Olynthe, ville de Thrace, 7, 275 *et suiv.*

Onésicrite, philosophe et historien, se rend disciple de Diogène, 17, 82. Alexandre le députe vers les Brachmanes, pour les engager à s'attacher à sa suite, 9, 96.

Onésime, seigneur macédonien, 12, 183.

Onias, fils de Jaddus, grand-prêtre des Juifs, succède à son père, 9, 318. Sa mort, 10, 23.

Onias, grand-prêtre des Juifs, se rend respectable par sa piété, 12, 6.

Onias, fils du précédent, ayant manqué la souveraine sacrificature, se retire en Egypte, 12, 321.

Onomarque, frère de Philomèle, chef des Phocéens, prend le commandement des troupes à sa place, 8, 62.

Onomaste, gouverneur de la Thrace pour Philippe, 11, 406.

Ophellas, gouverneur de la Libye et de la Cyrénaïque, se révolte contre Ptolémée, et se rend indépendant, 9, 419.

Opilius (*Aurélius*), grammairien latin, 15, 342.

Oppius, proconsul romain, marche contre Mithridate, et est fait prisonnier, 13, 213.

Or : différentes manières de le trouver, 14, 213.

Oracles célèbres de l'antiquité, 6, 340 *et suiv.*

Orateur. Qualité la plus essentielle à un orateur, 8, 13 ; 16, 362 *et suiv.*

Orchomène, plaine de Béotie où se donna la bataille entre Sylla et Archélaüs, 13, 238.

Oreste, fils et successeur d'Agamemnon, roi de Mycènes, 3, 284.

Oreste, commissaire romain, 12, 336.

Orétès, gouverneur de l'Asie mineure pour Cambyse, 3, 123. Darius le fait mourir, 476.

Orandès, de Crète, promet à Persée de le recevoir dans son vaisseau, et embarque une partie des richesses de ce prince, 12, 142.

Orobaze est député par Arsace, roi des Parthes, vers Sylla, pour faire alliance et amitié avec les Romains, 13, 205.

Orode, roi des Parthes, 13, 113 *et suiv.*

Oromasde, divinité des Perses, 3, 235.

Oronte, gendre d'Artaxerxe Mnémon, commande l'armée de terre dans la guerre contre Evagore, 6, 25.

Oronte, gouverneur de Mysie, se joint aux provinces de l'Asie mineure dans leur révolte contre Artaxerxe Mnémon, puis les trahit, 7, 414 *et suiv.*

Orphée, musicien, 14, 483.

Orphelins. Loi de Charondas en faveur des orphelins, 4, 438.

Orsace, v. général, est donné par Orode à Pacore, pour l'accompagner dans ses expéditions, 13, 165.

Orsine, gouverneur de Pasargade, rétablit le bon ordre dans toute la province, 9, 132.

Orthia. Culte inhumain que les Lacédémoniens rendaient à Diane surnommée Orthia, 3, 315.

Ortygie, île près de Syracuse, 5, 132.

Osée, roi de Samarie, se révolte contre le roi d'Assyrie, 2, 321.

Osiris, seigneur persan, marche à la tête d'une armée contre Mégabyse, 4, 513.

Ostane, chef des mages, accompagne Xerxès dans son expédition contre la Grèce, 4, 224.

Osymandias, roi d'Egypte, 1, 260.

Otanes, seigneur persan, découvre l'imposture de Smerdis le Mage par le moyen de sa fille, 3, 131 *et suiv.*

Othryade, Lacédémonien, procure par sa valeur aux Lacédémoniens la victoire sur les Argiens, 3, 449.

Ovide, poète latin ; abrégé de sa vie, 16, 154.

Oxathrès, frère de Darius, se distingue à la bataille d'Issus, 8, 284. Alexandre lui remet Bessus entre les mains pour lui faire souffrir toute l'ignominie qu'il mérite, 491.

Oxirinque, ville de la basse Thébaïde, 1, 219.

Oxyarte, prince persan, reçoit chez lui Alexandre, et lui donne sa fille Roxane en mariage, 9, 43.

Oxydraques, peuples des Indes, 9, 109.

Ozias, roi de Juda, 14, 164.

P

Pacore, fils d'Orode, roi des Parthes, vient en Syrie à la tête d'une armée, et assiège Antioche, 13, 165.

Pacuvius, poète latin, 16, 89.

Paganisme. Réflexions générales sur le paganisme, 6, 309.

Palémon (Remmius), grammairien latin, 15, 343.

Palestine, province de Syrie, 2, 273.

Palestres, écoles publiques où les athlètes s'exerçaient à la lutte, 6, 378.

Palica, ville de Sicile, 4, 425.

Pammène est mis à la tête des troupes envoyées par les Thébains au secours d'Artabaze, 7, 432.

Pammène, capitaine athénien, marche au secours de Mégalopolis attaquée par les Lacédémoniens, 7, 452.

Pamphile, d'Amphipolis, peintre, 14, 165.

Pamphylie, province de l'Asie mineure, 2, 272.

Panégyrique de Trajan, par Pline le Jeune, 16, 496.

Panenus, peintre, 14, 411.

Panétius, philosophe stoïcien, 17, 94.

Pantauchus, ambassadeur de Persée auprès de Gentius, 12, 206.

Panthée, femme d'Abradate, devient prisonnière de Cyrus, 2, 444 *et suiv.*

Paphlagonie, province de l'Asie mineure, 2, 270.

Papinien, célèbre jurisconsulte, 17, 236.

Papiria, mère du second Scipion l'Africain, 2, 234.

Papirius ramasse les lois des rois de Rome, 12, 232.

Pappus, d'Alexandrie, géomètre, 17, 374.

Paracelse, célèbre chimiste, 17, 364.

Paralus, dernier des enfans légitimes de Périclès, 4, 480.

Pâris, Troyen, retournant chez lui avec Hélène, qu'il avait ravie, est poussé par une tempête à l'une des embouchures du Nil, 1, 279.

Parménide, philosophe ; ce qu'il pensait de la nature de la Divinité, 17, 267.

Parménion, l'un des généraux d'Alexandre, est mis à la tête de l'infanterie dans l'expédition de ce prince contre les Perses, 8, 234 *et suiv.*

Parmys, fille du véritable Smerdis, épouse Darius, 3, 470.

Parrhasius, peintre célèbre, 14, 418.

Parthéniens, enfans illégitimes des Lacédémoniens, 3, 453.

Parthénius, poète grec, 16, 52.

Parthénone, temple de Minerve à Athènes, 4, 353 ; 14, 352.

Parthie, ou pays des Parthes, province de l'Asie

supérieure, 2, 269. Commencement de l'empire des Parthes , 13, 107.

Parysatis, sœur et femme de Darius Nothus, 5, 53 *et suiv.*

Pasargade, ville de Perse, passe au pouvoir d'A-lexandre, 8, 436.

Pascal. Force étonnante de son génie, 17 , 376.

Pasteurs. Ils étaient considérés en Égypte, 1 , 235 ; dans l'Inde , 9, 57.

Patarbémis, officier d'Apriès, 1 , 306.

Paterculus, historien latin, 16 , 328.

Patisithe, chef des mages, place sur le trône de Perse son frère Smerdis, 3, 125.

Patrocle, commandant de Babylone pour Séleucus, abandonne cette ville à l'approche de Démétrius, et se retire dans les marais, 9, 411.

Patrocle commande la flotte envoyée par Ptolémée Philadelphe au secours d'Athènes assiégée par Antigone Gonatas, 10, 195.

Patron, commandant des Grecs à la solde de Darius, exhorte inutilement ce prince à confier la garde de sa personne aux troupes grecques , 8 , 442.

Paule (*Julius Paulus*), jurisconsulte, 17, 240.

Paulin (*Saint*), évêque de Nole , poète latin , 16 , 196.

Pausanias, roi de Lacédémone, commande avec Aristide l'armée des Grecs, et remporte à Platée une grande victoire sur les Perses, 4, 203 *et suiv.*

Pausanias, roi de Lacédémone, commande au siège d'Athènes, 5, 290 *et suiv.*

Pausanias, prince macédonien, s'empare du trône de Macédoine, 8, 27 *et suiv.*

Pausanias, jeune seigneur macédonien, ne peut obtenir de Philippe satisfaction pour une insulte qu'il avait reçue d'Attale, 8, 167.

Pausias, de Sicyone, peintre, 14, 277.

Pausistrate, commandant de la flotte de Rhodes, est défait par Polyxénide, amiral d'Antiochus, et tué dans le combat, 11, 301.

Pédarète, Lacédémonien ; son amour pour la patrie, 3, 316.

Pédianus (*Asconius*), philologue, 15, 353.

Peinture. Origine de la peinture, 14, 384 *et suiv.*

Pélasgus apprend aux premiers Grecs à se nourrir de glands, 3, 280.

Pella, ville capitale de Macédoine, célèbre par la naissance de Philippe et d'Alexandre, 8, 25.

Pélopidas, Thébain ; son caractère, 7, 284 *et suiv.*

Pélopidas, un des officiers de Mithridate, 13, 208.

Péloponèse, province et presqu'île de la Grèce appelée maintenant la Morée, 3, 270. Guerre du Péloponèse, 4, 447.

Pélops donne son nom au Péloponèse, 3, 284.

Péluse, ville de la basse Egypte, 1, 185.

Penthile, fils d'Oreste, règne à Mycènes avec son frère Tisamène, 3, 284.

Péonius, Ephésien, architecte, 14, 306.

Perdiccas, fils d'Amyntas II, est placé par Pélopidas sur le trône de Macédoine, 7, 353.

Perdiccas, un des généraux de l'armée d'Alexandre, reçoit l'anneau de ce prince un moment avant sa mort ; provinces qui lui échurent après la mort d'Alexandre, 9, 263 *et suiv.*

Pergame, ville de la grande Mysie, dans l'Asie mineure, 4, 39. Rois de Pergame, 9, 245. Le royaume de Pergame devient province romaine, 12, 462.

Périandre, tyran de Corinthe, est mis au nombre des sept sages, 3, 289, 405.

Périclès, Athénien ; son extraction, 4, 323 *et suiv.*

Périclès, fils du précédent, l'un des généraux

athéniens qui défirent les Lacédémoniens aux îles Arginuses, 5, 262.

Périnthe, ville de Thrace, 8, 118.

Perpenna, ambassadeur romain auprès de Gentius, est mis en prison, 12, 209. Perpenna, étant consul, marche contre Aristonic, le défait dans un combat, et le fait prisonnier, 474.

Perse, poète latin, 16, 168.

Perse, province d'Asie, 2, 270. Etablissement de l'empire des Perses par Cyrus, 3, 68. Etendue de cet empire, 2, 365; 3, 472. Rois qui ont régné en Perse, Cyrus, 3, 68. Cambyse, 107. Smerdis le Mage, 129. Darius, fils d'Hystaspe, 470. Xerxès, 4, 110. Artaxerxe Longue-main, 276. Xerxès II, 5, 49. Sogdien, 50. Darius Nothus, 52. Artaxerxe Mnémon, 300. Ochus, 7, 329. Arsès, 376. Darius Codoman, 377. Destruction de l'empire des Perses par Alexandre, 8, 447. Mœurs et coutumes des Perses, 3, 139. Education des Perses du temps de Cyrus, 2, 399. Sacre des rois de Perse, 5, 301. Respect qu'on conservait pour eux, 3, 140 *et suiv*. Manière d'aller au combat, 5, 351 *et suiv*.

Persée, premier roi de Mycènes, 3, 282.

Persée, fils de Philippe, pénultième roi de Macédoine, forme un complot contre son frère Démétrius, et l'accuse devant Philippe, 11, 449 *et suiv*.

Persépolis, ville capitale de Perse, passe au pouvoir d'Alexandre, 8, 435.

Pétra, ville très forte du pays des Arabes Nabathéens, 9, 410.

Pétra Oxiana, rocher inaccessible, 12, 282.

Pétrone, poète latin, 16, 174.

Peuceste, officier dans l'armée d'Alexandre, se distingue au siège de la ville des Oxydraques, 9, 111. Provinces qui lui échurent après la mort d'Alexandre, 265. Il s'oppose aux progrès de Pithon, et le chasse de la Médie, 358.

Peuple. Portrait et caractère du peuple, 4, 332 ; 5, 274.

Phalante, chef des Spartiates appelé Parthéniens, les établit à Tarente, 3, 453.

Phalécus est établi chef des Phocéens à la place de Phaylle pendant la guerre sacrée, 8, 63.

Phalère, port d'Athènes, 4, 235.

Phaméas, chef de la cavalerie carthaginoise, 2, 202.

Phanès, d'Halicarnasse, chef des Grecs auxiliaires au service d'Amasis, 3, 108.

Pharaon, nom commun aux rois d'Egypte, 1, 263. L'un d'eux donne sa fille en mariage à Salomon, 285.

Phare, ou fanal d'Alexandrie, 1, 190; 14, 317.

Pharisiens, secte puissante en Judée, 13, 15. Persécution des Pharisiens contre Alexandre Jannée et contre ceux qui tenaient son parti, 51. Fin de leur persécution, 85.

Pharnabaze, gouverneur d'Asie et général des troupes des rois de Perse, Darius et Artaxerxe, donne du secours aux Lacédémoniens contre les Athéniens, 5, 232. Pharnabaze est chargé par Artaxerxe de la guerre contre l'Egypte, 7, 401.

Pharnace révolte l'armée contre Mithridate, son père, et est élu roi à sa place, 13, 351.

Pharnacias, eunuque de Xerxès II, procure à Sogdien les moyens d'assassiner ce prince, 5, 50.

Phasael, frère d'Hérode, est établi gouverneur de Jérusalem, 13, 97.

Phaylle, chef des Phocéens pendant la guerre sacrée, pille le temple de Delphes, pour fournir aux frais de la guerre, 8, 63.

Phaylle, de Crotone, athlète ; sa bonne volonté pour les Grecs, et son courage, 8, 311.

Phébidas, Lacédémonien, part de Sparte à la

tête d'un corps de troupes envoyé contre Olynthe, 7, 276.

Phédime, fille d'Otanes, et femme de Smerdis le Mage, découvre l'imposture de cet usurpateur, 3, 130. Elle épouse Darius après le meurtre de Smerdis, 470.

Phèdre, poète latin, affranchi d'Auguste, 16, 161.

Phémius, musicien célèbre, 14, 484.

Phénicie, province de Syrie, 2, 273. Révolte de la Phénicie contre Ochus, 7, 259. Les Phéniciens sont regardés comme les premiers navigateurs et les inventeurs du commerce, 14, 188.

Phénix, oiseau fabuleux ; merveilles qu'on en raconte, 1, 185.

Phérendate, seigneur persan, est établi par Ochus gouverneur d'Egypte, 7, 471.

Phérénice, l'un des principaux conjurés contre les tyrans de Thèbes, 7, 290.

Phéron, roi d'Egypte, 1, 278.

Phidias, célèbre peintre et sculpteur, 14, 319, 411.

Phila, fille d'Antipater, est mariée à Cratère, 9, 297. Après la mort de Cratère, elle épouse Démétrius Poliorcète, 298. Elle se fait mourir par le poison, 10, 49.

Phila, fille de Stratonice et de Séleucus, épouse Antigone Gonatas, 10, 117.

Philammon assassine Arsinoé, sœur et femme de Ptolémée Philopator, 10, 412. Il est assommé à coups de bâton par les dames d'honneur de cette princesse, 349.

Philémon, poète comique que les Grecs ont préféré à Ménandre de son vivant, 6, 463.

Philènes, deux frères citoyens de Carthage, sacrifient leur vie pour le bien de leur patrie, 1, 381.

Philénius, Lacédémonien, accompagne Annibal dans ses expéditions, et travaille à l'histoire de ce grand capitaine, 2, 169.

Philétas, de Cos, grammairien et poète, est donné par Ptolémée Soter pour précepteur à son fils Ptolémée Philadelphe, 15, 327.

Philétère, fondateur du royaume de Pergame, 10, 199.

Philidas, l'un des conjurés contre les tyrans de Thèbes, trouve le moyen de se faire leur greffier, 7, 289.

Philippe, fils d'Amyntas II, roi de Macédoine ; sa naissance, 8, 23. Pélopidas l'emmène en otage à Thèbes, 7, 355. Il s'enfuit de Thèbes, passe en Macédoine, et est placé sur le trône, 8, 30 *et suiv.*

Philippe, fils de Démétrius, monte sur le trône de Macédoine, 10, 364. Son affection pour Aratus, 418 *et suiv.*

Philippe, soi-disant fils de Persée, s'empare du royaume de Macédoine, 12, 534.

Philippe, officier de l'armée d'Alexandre ; provinces qui lui échurent après la mort de ce prince, 9, 257.

Philippe, de concert avec son frère Antiochus, détruit la ville de Mopsuestie, pour venger la mort de Séleucus, son frère, 13, 30.

Philippe, Phrygien, est établi gouverneur de Judée par Antiochus Epiphane, 12, 28.

Philippe, frère de lait et favori d'Antiochus Epiphane, est établi par ce prince gouverneur de son fils Antiochus Eupator, et régent de Syrie, 12, 78 ; 587.

Philippe, de Thessalonique, auteur d'épigrammes, 16. 81.

Philippe, d'Acarnanie, médecin connu par le

salutaire breuvage qu'il donna à Alexandre, 7, 250 ; 17, 337.

Philisbourg, ville d'Allemagne, 11, 371.

Philiscus est envoyé par le roi de Perse pour concilier entre eux les peuples de la Grèce, 7, 344.

Philiste, riche citoyen de Syracuse, paie une amende pour Denys, 6, 489. Denys l'envoie en exil, 7, 62 *et suiv.*

Philocle, Macédonien dévoué à Persée, est envoyé par Philippe en ambassade à Rome, 11, 484.

Philoclès, l'un des généraux athéniens, est vaincu et fait prisonnier avec ses collègues à la bataille d'Ægos-Potamos, 5, 287.

Philomèle, chef des Phocéens, les révolte contre le décret des Amphictyons, et les détermine à prendre les armes, 8, 57.

Philon, architecte célèbre, 14, 309.

Philon, philosophe et rhéteur, 17, 63.

Philon, Juif, historien grec, 16, 255.

Philonide, coureur d'Alexandre le Grand, célèbre par la vitesse de sa course 6, 392.

Philopémen, Mégalopolitain ; son éducation, 11, 30. Il détermine ses concitoyens à rejeter les offres de Cléomène, 10, 344. Il est élu général de la cavalerie chez les Achéens, 11, 37 *et suiv.* Philopémen est vaincu sur mer par Nabis, 251 *et suiv.* Procès intenté à Philopémen après sa mort, 423 ; 12, 345.

Philosophes, philosophie. Définition de la philosophie, 17, 16. Elle contient trois parties, la logique, la physique, la morale, 151. Elle est merveilleusement propre à former un héros, 7, 388. Division de la philosophie en deux sectes, 17, 9 *et suiv.*

Philostrate, philologue, 15, 373.

Philotas, fils de Parménion, commande un corps

de cavalerie dans l'expédition d'Alexandre contre les Perses, 8, 228. Prétendue conspiration de Philotas contre Alexandre, 477.

Philotas, gouverneur dans la haute Asie, est mis à mort par Pithon, 9, 358.

Philoxène, favori de Denys le Tyran, 7, 58.

Philoxène, Macédonien, arrête Harpalus, et le fait mettre à la question, 9, 147.

Phocée, ville d'Ionie, est condamnée par les Romains à être détruite, 12, 463.

Phocide, partie de la Grèce, 3, 271. Ravage de la Phocide par Xerxès, 4, 171. Les Lacédémoniens dépouillent les peuples de la Phocide de l'intendance du temple de Delphes, 372. Les Phocéens labourent des terres consacrées à Apollon, 8, 56 *et suiv.*

Phocion, général des Athéniens, 8, 110. Il rejette les offres d'Harpalus, 9, 144 *et suiv.*

Phoronée, roi d'Argos, 3, 282.

Photius, patriarche de Constantinople et historien grec, 16, 289.

Phraate I, fils de Priapatius, roi des Parthes, 13, 109.

Phraate II succède à son père Mithridate dans le royaume des Parthes, 13, 109. Il est vaincu trois fois par Antiochus Sidète, 12, 371.

Phraate III, surnommé *Dieu*, roi des Parthes, 13, 112. Il fait alliance avec les Romains pendant la guerre contre Mithridate, *ibid.*

Phraate IV est placé par son père Orode sur le trône des Parthes, 13, 174.

Phraorte, roi des Mèdes, succède à son père Déjoce, 2, 360.

Phratapherne, un des généraux d'Alexandre, provinces qui lui échurent après la mort de ce prince, 9, 265.

Phrygie, province de l'Asie mineure, 2, 272.

Phryné, célèbre courtisane de la Grèce, 14, 367. Trait d'effronterie de Phryné, 372.

Phrynique, un des généraux athéniens, s'oppose au rappel d'Alcibiade, 5, 219.

Phrynis, musicien célèbre de l'antiquité, 15, 230.

Phrynon commande l'armée des Athéniens envoyée contre Mitylène, 3, 303.

Phul, roi des Assyriens, qui fit pénitence à la prédication de Jonas, 2, 312.

Phyllius, officier lacédémonien, est tué au siège de Sparte par Pyrrhus, en combattant vaillamment, 10, 178.

Physique des anciens, 17, 309.

Phyton, général des troupes de la ville de Rhège, défend cette ville contre Denys, 7, 47.

Pindare, poète lyrique grec, 16, 71.

Pirée, port d'Athènes, 4, 235 ; 14, 508.

Piromis, nom donné à des rois que les prêtres égyptiens disaient avoir régné en Egypte, 1, 293.

Pisandre, capitaine athénien, détermine le peuple d'Athènes à rappeler Alcibiade, 5, 221.

Pisandre, Lacédémonien, est établi sur la flotte par Agésilas, son beau-frère pour commander à sa place, 5, 458.

Pisistrate, athénien, se rend tyran d'Athènes, 3, 368 et suiv.

Piso Frugi (*L. Calpurnius*) récompense les services d'un de ses fils, en lui donnant une couronne d'or, 15, 231. Il est mis au rang des historiens latins, 231.

Pison (*Calpurnius*), consul, commande au siège de Carthage avant l'arrivée de Scipion, 2, 203.

Pisuthne, gouverneur de Lydie pour Darius, se révolte contre ce prince, 5, 54.

Pithon, l'un des capitaines d'Alexandre, est établi par Antipater gouverneur de Médie, 9, 317 *et suiv.*

Pittacus, de Mitylène, l'un des sept sages de la Grèce, chassa le tyran qui opprimait sa patrie, 3, 403.

Planude, moine de Constantinople; son recueil d'épigrammes, 16, 81.

Platée, ville de Béotie, 3, 271. Les Platéens acquièrent de la gloire à la bataille de Marathon, 4, 83 *et suiv.* Siège de Platée par les Thébains, 448. Siège et prise de Platée par les Lacédémoniens, 5, 5. Les Thébains la rasent entièrement, 35; 7, 313. Ils engagent Alexandre à détruire Thèbes, 8, 214. Ce prince leur permet de rétablir leur ville, 412.

Platon, philosophe d'Athènes; sa naissance, 17, 36. Il paraît pour la première fois à la cour de Denys l'Ancien, 7, 23. Second voyage de Platon en Sicile, 87 *et suiv.* Mort de Platon, 474; 17, 42. Ce qu'il pensait de la nature de la Divinité, 268. Jalousie secrète entre Platon et Xénophon, 26. Haine de Platon contre Démocrite, 140.

Plaute, poète comique, 16, 92.

Plemmyre, île aux environ de Syracuse, 5, 135.

Pline l'ancien, philologue, 15, 368.

Pline le jeune, orateur latin, 16, 434 *et suiv.*

Plistarque, fils de Léonide, roi de Sparte, 4, 246.

Plisthène, fils d'Atrée, roi de Mycènes, 3, 285.

Plistonax, roi de Lacédémone, s'empresse à faire conclure la paix entre Athènes et Sparte; sa mort, 5, 74; 255.

Plotius Gallus (Lucius), rhéteur latin, 15, 418.

Plutarque, de Chéronée, historien grec, 16, 263.

Plutarque, d'Érétrie, appelle les Athéniens au secours de l'île d'Eubée assiégée par Philippe, 8, 110.

Poème épique, 3, 384; 6, 428.

Poésie. Poètes Origine de la poésie, 16, 37, 43. Poètes grecs, 3, 382 *et suiv.* Emulation des poètes pour disputer le prix, 6, 423 *et suiv.* Les anciens poètes grecs faisaient eux-mêmes la déclamation de leurs pièces, 15, 3o.

Polémarque, magistrat à Athènes, qui était employé également à commander les troupes et à rendre la justice, 4, 84.

Polémon, philosophe de l'ancienne académie, 17, 53.

Poliorcète, surnom donné à Démétrius, fils d'Antigone, 9, 396.

Pollion, poète latin, 16, 125.

Pollux (Julius), grammairien grec, 15, 34o.

Polybe, historien grec: sa naissance, 16, 232. Ses fonctions aux funérailles de Philopémen, 11, 422 *et suiv.* Il est élu capitaine général de la cavalerie chez les Achéens, 12, 167 *et suiv.* Il est compris dans le nombre des bannis, et conduit à Rome, 29. Son étroite union avec le second Scipion l'Africain, 3o. Retour de Polybe dans l'Achaïe, 12, 355 *et suiv.* Principaux ouvrages que Polybe a composés, 16, 237.

Polybe, de Mégalopolis, officier dans l'armée des Achéens, 11, 78.

Polybe, médecin, gendre et successeur d'Hippocrate, 17, 337.

Polybidas, Lacédémonien, est chargé de la guerre contre Olynthe, et prend cette ville, 7, 282.

Polyclète, fameux statuaire, 14, 36o. Combat fort singulier auquel il fut exposé après sa mort, 379 *et suiv.*

Polycrate, tyran de Samos; histoire singulière de ce tyran; fin misérable de Polycrate, 3, 122 *et suiv.*

Polycrate, premier ministre de Ptolémée Epiphane, rend à ce prince de grands secours, 11, 400.

Polydamas, fameux athlète de l'antiquité, 6, 381.

Polydecte, roi de Sparte, et frère de Lycurgue, 3, 447.

Polydore, frère de Jason le tyran de Phères, lui succède, et est tué bientôt après par Polyphron, son autre frère, 7, 351.

Polyène, sénateur de Syracuse, harangue le peuple sur l'action d'Andranodore après la mort d'Hiéronyme, 14, 40.

Polygamie. Elle était permise en Egypte, 1, 204.

Polygnote, peintre célèbre, 14, 411.

Polyperchon, Syracusain, de concert avec Leptine, tue Callippe, meurtrier de Dion, 7, 147.

Polyphron est substitué à Jason, tyran de Phères, son frère, 7, 351.

Polysperchon, un des généraux de l'armée d'Alexandre, réduit une contrée nommée Bubacène, 9, 44. Il est nommé par Antipater régent du royaume et gouverneur de Macédoine, 325 *et suiv.*

Polystrate, soldat macédonien, apporte à boire à Darius, qui était près d'expirer, et reçoit ses dernières paroles, 8, 446.

Polyxène, beau-frère de Denys, s'étant déclaré contre ce prince, prend la fuite pour ne pas tomber entre ses mains, 7, 40.

Polyxénide, amiral de la flotte d'Antiochus le Grand, est battu par Livius, et obligé de prendre la fuite, 11, 296.

Polyzèle, frère d'Hiéron I, roi de Syracuse, donne de l'ombrage à son frère, 4, 414.

Pompée est donné pour successeur à Luculle dans la guerre contre Mithridate, 13, 345.

Pompeius, officier romain, commandant d'un petit corps de troupes durant la guerre contre Persée, 12, 163.

Pomponius Marcellus (*Marcus*), grammairien latin, 15, 342.

Pomponius, jurisconsulte, 17, 241.

Pont, royaume dans l'Asie mineure, 2, 270 ; 9, 247.

Pont bâti sur le Danube par ordre de Trajan, 14, 328. Pont que Xerxès fit construire pour faire traverser l'Hellespont à son armée, 4, 135.

Popilius (*C.*) est envoyé en ambassade en Egypte pour y mettre fin à la guerre, 12, 33. Il est envoyé dans le Péloponèse pour y publier le décret du sénat en faveur des Grecs, 166.

Porphyre, Tyrien, savant payen, ennemi déclaré du christianisme et des saintes Écritures, 12, 96.

Porus, roi Indien, refuse de se soumettre à Alexandre, 9, 73 *et suiv.*

Posidonius, philosophe stoïcien, 17, 98.

Possidonius, astronome et géographe, 17, 405.

Postes. Invention des postes et des courriers, 3, 169.

Posthumius, consul, pour se venger des Prénestins, exige d'eux de grosses dépenses, et par là donne atteinte à la loi Julia, 15, 127.

Pothin, ministre de Ptolémée, chasse Cléopâtre, 13, 386 *et suiv.*

Potidée, ville de Macédoine, se révolte contre les Athéniens dont elle était tributaire, 4, 379. Philippe leur enlève cette ville, 8, 39.

Praxitèle, célèbre sculpteur de l'antiquité, 14, 366.

Préfets des alliés, officiers romains, 15, 77.

Préxaspe, confident de Cambyse, tue Smerdis par ordre de ce prince, 3, 118.

Priapatius, fils et successeur d'Arsace II, roi des Parthes, 13, 109.

Priène, ville d'Ionie, 4, 376.

Prisonnier, rachat des prisonniers de guerre chez les anciens, 15, 210.

Proclès, fils d'Aristodème, règne à Sparte avec son frère Eurysthène, 3, 444.

Proculeius, officier romain, vient trouver Cléopâtre dans sa retraite, et l'exhorte à se remettre entre les mains de César, 13, 448.

Prodicus, célèbre sophiste, 16, 17.

Proérèse, sophiste à qui les Romains élevèrent une statue, 16, 12.

Proëtus, roi d'Argos, 3, 282.

Promachus, officier d'Alexandre, meurt d'une débauche qu'il fait avec ce prince, 9, 138.

Properce, poète latin, 16, 161.

Prosper (saint), poète latin, 16, 200.

Protagore, frère de Nicoclès, chasse Evagore II de Salamine, et règne à sa place, 7, 460.

Protagore d'Abdère, sophiste, 16, 15. Sentiment de Protagore sur l'existence de la Divinité, 5, 26; 17, 262.

Protéas, Macédonien; Alexandre boit à sa santé dans la coupe d'Hercule, 9, 173.

Protée, roi d'Egypte, 1, 279.

Prothoüs, sénateur de Sparte, s'oppose à la guerre entre les Thébains, 7, 317.

Protogène, célèbre peintre, 14, 449. Manière dont il fit connaissance avec Apelle, 428. Egards qu'eut pour lui Démétrius pendant le siège de Rhodes, 9, 479. Ouvrages de Protogène, 14, 449.

Protomaque, l'un des chefs athéniens qui remportèrent la victoire près des îles Arginuses, et qui furent condamnés à mort à leur retour, 5, 262.

Providence. Entretien de Socrate sur la Providence, 6, 89.

Proxène, de Béotie, commande un corps de trou-

pes grecques dans l'armée de Cyrus le Jeune contre son frère Artaxerxe, 5, 542. Il est arrêté par trahison, et mis à mort, 382.

Prudence, poète chrétien, 16, 190.

Prusias I, roi de Bithynie, 9, 245.

Prusias II, roi de Bithynie, surnommé *le Chasseur*, se déclare pour les Romains contre Antiochus, 11, 304. Services que lui rend Annibal pendant cette guerre, 2, 163. Il s'entremet auprès des Romains pour les engager à accorder la paix à Persée, 12, 180. Basses flatteries de Prusias dans le sénat, 301.

Prytanis, nom du premier magistrat de Corinthe, 3, 289.

Psamménit, roi d'Egypte, est soumis par Cambyse qui le traite avec douceur, 1, 321; 3, 108.

Psammis, roi d'Egypte, 1, 305.

Psammitique, un des douze rois qui régnaient en Egypte, est relégué par ses collègues dans des marais, et à quelle occasion, 1, 295 *et suiv.*

Ptolémaïde, fille de Ptolémée Soter, est mariée à Démétrius Poliorcète, 10, 49.

Ptolémée, fils d'Amyntas II, dispute la couronne à Perdiccas, 7, 353. Pélopidas l'exclut du trône, 8, 28.

Ptolémée, fils de Séleucus, est tué à la bataille d'Ipsus, 8, 286.

Ptolémée I, fils de Lagus, un des généraux d'Alexandre, prend plusieurs villes dans l'Inde, 9, 66 *et suiv.* Ptolémée se ligue avec Séleucus, Cassandre et Lysimaque, contre Antigone et Démétrius, 10, 13 *et suiv.*

Ptolémée II, surnommé Philadelphe, est placé par son père Ptolémée Soter sur le trône d'Egypte, 10, 56 *et suiv.* Ptolémée fait construire la tour de Pharos, 57; 14, 316. Il fait traduire les livres saints pour en orner sa bibliothèque, 10, 118 *et suiv.*

Son attention à faire fleurir le commerce dans son royaume, 204; 14, 28.

Ptolémée III, surnommé Evergète, succède à son père Ptolémée Philadelphe, 10, 221 *et suiv.*

Ptolémée IV, surnommé Philopator, monte sur le trône d'Egypte après la mort de Ptolémée Evergète, 10, 371 *et suiv.*

Ptolémée V, dit Epiphane, âgé de cinq ans, monte sur le trône d'Egypte après la mort de Ptolémée Philopator, 11, 101 *et suiv.*

Ptolémée VI, dit Philométor, âgé de six ans, succède à son père Ptolémée Epiphane, 11, 439. Semences de guerre entre Ptolémée et Antiochus Epiphane, 12, 18 *et suiv.* Philométor est chassé du trône par son frère Physcon, 396 *et suiv.*

Ptolémée VII, dit Evergète II et Physcon, fils de Ptolémée Epiphane, est mis par les Alexandrins sur le trône d'Egypte à la place de Ptolémée Philométor, son frère aîné, 12, 29 *et suiv.* Physcon chasse Philométor du trône, 396 *et suiv.*

Ptolémée VIII, dit Lathyre, succède à son père Physcon, 13, 6 *et suiv.*

Ptolémée XI, surnommé Aulète, est mis par les Alexandrins sur le trône d'Egypte à la place d'Alexandre II, 13, 52. Il se fait nommer ami et allié du peuple romain par le crédit de César et de Pompée, 361 *et suiv.*

Ptolémée XII, fils de Ptolémée Aulète, règne après son père avec sa sœur Cléopâtre, 13, 585 *et suiv.*

Ptolémée I, roi de Cypre, frère de Ptolémée Aulète, est déposé par les Romains, et ses biens sont confisqués : il se fait mourir par le poison, 13, 401 *et suiv.*

Ptolémée II, fils de Ptolémée Aulète, est établi roi de Cypre par César, 13, 589.

Ptolémée, fils d'Antoine et de Cléopâtre, est proclamé roi de Syrie par Antoine, 13, 424.

Ptolémée Apion, fils naturel de Physcon, est établi par son père roi de la Cyrénaïque, 13, 6.

Ptolémée Céraunus ou le Foudre, fils de Ptolémée Soter, quitte la cour, et se retire d'abord auprès de Lysimaque, et ensuite auprès de Séleucus, 10, 56 *et suiv.*

Ptolémée Macron, gouverneur de l'île de Cypre sous Ptolémée Philométor, se révolte contre ce prince, entre au service d'Antiochus Epiphane, et lui livre l'île de Cypre, 12, 23. Il marche contre les Juifs, et est vaincu par Judas Machabée, 67 *et suiv.* Il devient ami des Juifs, 388.

Ptolémée, fils de Pyrrhus, est tué dans un combat contre les Lacédémoniens, 10, 181.

Ptolémée, un des principaux officiers de Philippe, se joint à Apelle dans sa conspiration contre ce prince, 10, 460.

Ptolémée, astronome et géographe célèbre, 17, 308.

Publicius Certus, sénateur romain, est exclu du consulat à la sollicitation de Pline, 16, 443.

Pudeur. Trace de pudeur parmi les païens, 2, 375. Elle était absolument négligée à Sparte, 3, 342.

Pugilat, exercice athlétique des anciens, 6, 375.

Puits de Joseph bâti dans le château du Caire en Egypte; sa description, 1, 150.

Pulcher (*P. Claudius*), consul, est battu sur mer par Adherbal, général carthaginois, 1, 476.

Pydna, ville de Macédoine, est soumise par Philippe, 8, 39. Célèbre victoire remportée près de cette ville par Paul-Emile sur Persée, 12, 219 *et suiv.*

Pylade, instituteur de l'art des pantomimes, 15, 39.

Pyle, petite ville de Messénie, passe au pouvoir des Athéniens pendant la guerre du Péloponèse, 5, 36.

Pyramides : description de celles d'Egypte, 1, 154.

Pyrgotèle, fameux sculpteur, 14, 437.

Pyrrhias, général des Etoliens, est battu deux fois par Philippe, 11, 25.

Pyrrhon, philosophe, chef de la secte qui porte son nom, 17, 140.

Pyrrhus, fils d'Eacide, roi d'Epire, se dérobe à la fureur des révoltés, 10, 29 *et suiv.*

Pythagore, Lacédémonien, commande une partie de la flotte de Cyrus le jeune dans l'expédition de ce prince contre son frère Artaxerxe, 5, 543.

Pythagore, fils d'Evagore, défend, pendant l'absence de son père, la ville de Salamine qu'Artaxerxe assiégeait, 6, 26.

Pythagore, philosophe, 17, 105 *et suiv.* Sentimens de ce philosophe sur la nature de la Divinité, 267.

Pytharchus, de Cyzique, gagne la bienveillance de Cyrus qui lui donne pour pension le revenu de sept villes, 3, 179.

Pythéas, magistrat des Béotiens, les engage à joindre leurs armes à celles des Achéens contre les Romains, 12, 311.

Pythéas, célèbre astronome et géographe, 12, 319; 17, 301.

Pythias, ami de Damon ; épreuve où fut mise leur amitié, 7, 71.

Pythie, nom de la prêtresse d'Apollon à Delphes, 6, 311.

Pythis, sculpteur, qui travailla à embellir le mausolée, 11, 375.

Pythius, prince lydien, d'une richesse immense, 11, 237. Offre généreuse qu'il fait à Xerxès de ses richesses, 4, 129.

Pythodore, envoyé par les Athéniens an secours des Léontins, 5, 95.

Python, de Byzance, célèbre rhéteur, est député par Philippe aux Thébains pour les porter à la paix, 8, 141.

Pyxodore, berger, découvre une carrière de marbre auprès d'Ephèse, 14, 305.

Q

Questeur romain; ses fonctions, 15, 105.
Quinte-Curce, historien latin, 16, 355.
Quintilien, rhéteur latin, 15, 443 *et suiv.*

R

Rabirius Posthumius, chevalier romain, vient trouver Ptolémée Aulète pour se faire payer des sommes qu'il lui avait prêtées à Rome, 13, 377.

Ragau, nom de la plaine où Nabuchodonosor vainquit Phraorte, 2, 363.

Ramessès-Miamum, roi d'Egypte, 1, 264.

Rameurs. Condition des rameurs chez les anciens, 6, 273.

Rammius, citoyen de Brunduse, est chargé par Persée d'empoisonner Eumène, 12, 115.

Raphia, ville de Palestine, près de laquelle Antiochus le Grand fut vaincu par Ptolémée Philopator, 10, 403.

Régillus (*L. Emilius*) est chargé du commandement de la flotte romaine à la place de Livius, 12, 34 *et suiv.*

Régulus (*M. Atilius*), consul, remporte avec sa flotte une grande victoire sur les Carthaginois, 1, 456 *et suiv.*

Religion. Origine et source de la religion des anciens, 6, 311.

Repas publics établis dans la Crète et à Sparte.

3, 307; 6, 184. Chez les payens les repas commençaient et finissaient par des prières, 14, 171. Frugalité des anciens généraux dans leurs repas, 15, 183.

Retraite des dix mille Grecs après la bataille de Cunaxa, 5, 385.

Rhadamante, frère de Minos, est chargé par ce prince d'administrer la justice dans sa ville capitale, 9, 190.

Rhampsinit, roi d'Egypte, 1, 281.

Rhége, ville de Sicile, forme une ligue contre Denys, 7, 14 *et suiv.*

Rhéomithre, un des chefs révoltés contre Artaxerxe Mnémon, livre à ce prince les principaux des révoltés pour faire sa paix, et garde l'argent qu'il avait apporté d'Egypte pour la confédération, 7, 416.

Rhéteur. Ce que l'on entend par ce mot, 15, 388.

Rhétorique adressée à Hérennius, 15, 428.

Rhisiase, Achéen, oblige par ses menaces son fils Memnon, qui était magistrat, à ne pas s'opposer au traité avec les Romains, 11, 161.

Rhodes, île et ville de l'Asie mineure, 2, 271. Rhodes se soulève contre Athènes, 7, 433 *et suiv.* Les Rhodiens refusent de donner du secours à Antigone contre Ptolémée, 9, 450 *et suiv.* Grand tremblement de terre qui arrive à Rhodes; émulation des princes voisins à soulager cette ville désolée, 559 *et suiv.* Destruction du fameux colosse, 10, 390. Guerre entre les Rhodiens et les Byzantins; quelle en fut la cause, 11, 105. Guerre entre les Rhodiens et Philippe, 302 *et suiv.* Les Rhodiens signalent leur zèle pour les Romains dans la guerre contre Persée, 12, 132 *et suiv.*

Rhodogune, fille de Mithridate, roi des Parthes, épouse Démétrius, roi de Syrie, 12, 446.

Rhodope, célèbre courtisane, 16, 68.

Rhône, fleuve. Passage du Rhône par Annibal, 2, 46.

Richelieu (le cardinal de) composait des pièces de théâtre, et se piquait d'y exceller, 17, 53.

Richesses. Mépris que les anciens Scythes avaient pour les richesses, 4, 17.

Rivières qui roulent de l'or, 17, 213.

Rois, *princes*. Devoirs d'un roi, 4, 539; 6, 188; 7, 409; 9, 223; 16, 275. Savoir reconnaître ses fautes quand il arrive qu'il en commette, 4, 120; 17, 248. S'attirer l'affection de ses sujets, 9, 408; 10, 34, 224; 381, 426; 11, 85. Favoriser les arts et les sciences, 14, 18, 65; 448. faire fleurir le commerce dans son royaume, 10, 204; 14, 272. Ne point ouvrir son cœur à l'envie, à la jalousie, à la flatterie, 2, 170; 4, 115, 315; 9, 133. En quoi un prince doit chercher à se distinguer de ses sujets, 3, 92. Noble emploi qu'il doit faire de ses richesses, 10, 144. Un prince est l'épée et le bouclier de son État, 3, 175. C'est une connaissance bien importante à un prince que celle du cœur, 8, 230. La tempérance est une vertu bien estimable dans un roi, 7, 397; 16, 512. Vices odieux dans un prince, 9, 38. Différence entre être roi et être tyran, 4, 417; 14, 38.

Romains. Premier traité entre les Romains et les Carthaginois, 1, 395. Les Romains envoient des députés pour rechercher les lois des villes de la Grèce, 4, 269. Second traité entre les Romains et les Carthaginois, 1, 414. Guerre entre les Romains et Pyrrhus, 10, 127. Ils sont vaincus en deux rencontres par ce prince, 137, 160. Ils punissent le crime de leurs citoyens qui s'étaient établis à Rhège, 1, 446. Ils envoient des ambassadeurs à Ptolémée Philadelphe, et font alliance avec ce prince, 10, 191. Ils donnent du secours aux Mamertins contre les Carthaginois, 1, 448. Ils font

alliance avec Hiéron, roi de Syracuse, 13, 474.
Ils songent pour la première fois à équiper une
flotte, 1, 450 *et suiv.* Les Romains enlèvent la
Sardaigne aux Carthaginois, 2, 24. Ils chassent
Teuta de l'Illyrie, 10, 279. Les Romains chassent
Démétrius de Phare de l'Illyrie, 431. Ils déclarent
la guerre aux Carthaginois, 2, 40. Ils sont vaincus
près du Tésin, 63. Près de la Trébie, 68. Près du
lac de Thrasymène, 77. Ils font plusieurs conquêtes dans l'Espagne, 91. Ils perdent une grande
bataille près de Cannes, 92. Siège de Rome par
Annibal, 113 *et suiv.* Les Romains envoient des
députés vers Ptolémée et Cléopâtre pour renouve-
ler avec l'Egypte leur ancienne alliance, 10, 410.
Ils remportent un avantage sur Philippe à Apollonie, 11, 11. Ils rompent avec Hiéronyme, 14, 37.
Sur la nouvelle de la mort de ce prince, ils envoient Marcellus en Sicile, 39. Ce général se rend
maître de Syracuse, 84. Alliance des Romains avec
les Etoliens, 11, 19. Les Romains envoient Sulpitius au secours des Etoliens contre Philippe, 25.
Paix générale entre les Romains et Philippe, dans
laquelle sont compris les alliés de part et d'autre,
89. Les Romains acceptent la tutèle de Ptolémée
Epiphane, 115 *et suiv.* Nouvelles plaintes portées
à Rome contre Philippe, 442. Les Romains lui-
renvoient son fils Démétrius avec des ambassadeurs
445. Ils favorisent Massinissa qui était en guerre avec
les Carthaginois, 2, 179. Les Romains envoient des ambassadeurs en Macédoine, pour veiller sur la conduite
de Persée, 12, 103. Ils rompent avec ce prince, 119.
La guerre est déclarée dans les formes, 134 *et suiv.*
Les Romains obligent Antiochus Epiphane de sortir
d'Egypte, et de laisser en repos les deux frères
régnans, 41. Dur traitement qu'ils exercent contre
les Etoliens, 287 *et suiv.* Les Romains partagent

le royaume d'Egypte entre Philométor et Physcon, 399. Un de leurs ambassadeurs est tué en Syrie, 406. Les Romains reconnaissent les Juifs pour amis et alliés, 411 *et suiv.* Ils soumettent les Liguriens, et abandonnent leurs terres aux Marseillais, 306. Ils soumettent Andriscus et deux autres aventuriers qui s'étaient emparés de la Macédoine, et réduisent ce royaume en province romaine, 323. Ils déclarent la guerre aux Carthaginois, 2, 186. Décret du sénat qui sépare plusieurs villes de la ligue des Achéens,12,326. Troubles dans l'Achaïe,329 *et suiv.* Ils renouvellent les traités faits avec les juifs, 430, 473. Ils héritent des biens et des Etats d'Attale, roi de Pergame, 450. Guerre des Romains contre Jugurtha, 2, 250. Ptolémée Apion, roi de la Cyrénaïque, et Nicomède, roi de Bithynie, laissent en mourant leurs royaumes aux Romains, 13, 23. Les Romains rétablissent les rois de Cappadoce et de Bithynie que Mithridate avait chassés, 207. Première guerre des Romains contre Mithridate, 210 *et suiv.* Ils chassent Antiochus l'Asiatique de la Syrie, et réduisent ce royaume en province romaine, 341, 49. Les Romains sont déclarés par le testament d'Alexandre, roi d'Egypte, héritiers de ses Etats, 55. Fin de la guerre contre Mithridate, 354. Les Romains chassent Ptoléméc, roi de Cypre, et confisquent ses biens, 62. Ils portent la guerre contre les Parthes, et sont vaincus, 116 *et suiv.* Ils délarent Ptolémée Aulète leur ami et leur allié, 361. La Cappadoce est réduite en province romaine, 197. Réflexion sur la conduite des Romains à l'égard des républiques grecques, et des rois tant de l'Europe que de l'Asie, 11, 348. Traits de la politique romaine, 424, 300, 399. Différence entre les Romains et les Grecs, 366. Fierté romaine, 12, 43. Jurispru-

dence romaine, 17, 231. Entreprise et déclaration de la guerre chez les Romains, 15, 48.

Romans. Mauvais goût de ceux qui s'attachent à en lire, 16, 263.

Rosace, gouverneur de Lydie et d'Ionie, 7, 467.

Rosacès, seigneur persan, donne des marques de sa bravoure au passage du Granique, 8, 236.

Roscius, fameux comédien, 15, 23.

Roxane, sœur de Statira, reine de Perse. Histoire tragique de cette princesse, 5, 305.

Roxane, fille d'Oxiarte, épouse Alexandre, 9, 43. Elle fait mourir Statira, veuve comme elle d'Alexandre, et Drypétis, veuve d'Ephestion, 268. Elle accouche d'un fils peu de temps après la mort d'Alexandre, 263. Cassandre la dépouille de tous les honneurs du trône, et quelque temps après la fait mourir, 364, 415.

Roxane, sœur de Mithridate, 13, 275.

Royaumes, empires et Etats. Origine et progrès de leur établissement, 1, cxxxiii.

Rusticus Arulénus, philosophe stoïcien et maître de Pline, est mis à mort par ordre de Domitien, 14, 186.

S

Sabacus, roi d'Ethiopie, entre dans l'Egypte, et s'en rend maître, 1, 287.

Sabéens, secte d'idolâtres dans l'Orient, 3, 233.

Sabinus (Fabius), ancien jurisconsulte, 17, 238.

Sabraques, nation puissante entre les Indiens, soumise par Alexandre, 9, 119.

Saces, nation scythe, soumise par Alexandre, 9, 43.

Sacrobosco (Jean de), célèbre astronome, 17, 409.

Sadyate, roi de Lydie, 2 , 378.

Sages. Abrégé de la vie des sept sages de la Grèce, 3 , 399.

Sagonte , ville d'Espagne , assiégée et prise par Annibal , 2, 37.

Saïs, ville de la basse Egypte, 1 , 184.

Salamine, ville capitale de l'île de Cypre, 6, 26.

Salamine , île de Grèce , fameuse par le combat naval entre Xerxès et les Grecs , 3 , 273; 4 , 178.

Salluste , historien latin , 16, 293.

Salmanasar , roi de Ninive , 2, 321.

Salomé , femme d'Aristobule I , tire de prison les trois princes frères de son mari, 13, 72.

Salomon , roi d'Israël. Richesses que lui procurait le commerce, 14 , 237.

Samarie, ville de Palestine, capitale du royaume d'Israël, 2, 273. Origine de l'inimitié entre les Samaritains et les Juifs, 329. Les Samaritains traversent les Juifs dans le temps qu'ils rebâtissent le temple de Jérusalem, 3 , 74. Ils se soumettent à Alexandre, 8 , 355 *et suiv*. Ils se conforment à la religion d'Antiochus Epiphane , 12 , 46 *et suiv*. Destruction de Samarie par Hyrcan, 13, 12.

Sambuque, machine de guerre des anciens, 14, 61.

Samos, île et ville d'Ionie, 3, 273. Prise et destruction de Samos par les Athéniens , 4 , 375. Lysandre y rétablit les anciens habitans, 5 , 293. Flatterie impie des Samiens envers ce Lacédémonien, 330.

Samothrace, île de l'Archipel , regardée comme sacrée et inviolable, 14, 37.

Sandrocotte, Indien, s'empare de toutes les provinces de l'Inde qu'Alexandre avait conquises , 10 , 7.

Sangale, ville de l'Inde, prise et rasée jusqu'aux fondemens par Alexandre, 9, 91.

Sapho, de Mitylène, surnommée la dixième Muse, 3, 398; 16, 68.

Saques, peup. d'Assyrie, soumis par Cyrus, 2, 452.

Saracus, roi d'Assyrie, 2, 331.

Sardaigne, île de l'Europe dans la Méditerranée, passe au pouvoir des Carthaginois, 2, 144, et ensuite sous la domination des Romains, 2, 26.

Sardanapale, roi d'Assyrie, 312.

Sardes, ville de Lydie, passe au pouvoir de Cyrus, 3, 16. Elle est prise et brûlée par Aristagore et les Athéniens, 4, 57 *et suiv.* Elle est soumise par Alexandre, 8, 240.

Satellites de Jupiter, 17, 443.

Satire, sorte de poésie médisante, 6, 423.

Satrape, nom qu'on donnait chez les Perses aux gouverneurs des provinces, 3, 160.

Saturne, divinité payenne, 1, 417.

Saturne, planète, 17, 449.

Saurus, sculpteur, 14, 355.

Saut. Exercice du saut chez les Grecs, 6, 387.

Sayde, autrefois la Thébaïde en Egypte, 1, 146.

Scaliger, illustre critique de son temps, est presque toujours bizarre dans ses jugemens, 14, 429. Tour que lui joua Muret, son rival et son concurrent, *ibid.*

Scamma, nom qu'on donnait au lieu où combattaient les athlètes, 6, 390.

Scarpus, commandant d'une armée d'Antoine dans la Libye, se déclare pour César, 13, 437.

Scaurus, lieutenant-général de Pompée, réduit la Célésyrie et Damas, 13, 341.

Scaurus (*Emilius*) est député par les Romains vers Jugurtha, 2, 250.

Scaurus (*M.*) Ce qu'il fit pour immortaliser la gloire de son édilité, 14, 452.

Scerdilède, roi d'Illyrie, exerce une sorte de pi--

raterie dans tout son voisinage , 10, 277. Il se joint aux Achéens contre les Étoliens ; il fait alliance avec les Romains, 43o *et suiv.*

Scéva, centurion. Bravoure extraordinaire de ce Romain , récompensée par César, 15, 235.

Scipion (*Publius*) marche en Espagne contre Annibal, 2, 49 *et suiv.*

Scipion (*Cnéus*) est envoyé par son frère en Espagne pour y faire tête à Asdrubal , 2, 52 *et suiv.*

Scipion (*P. Cornélius*), surnommé l'Africain , se rend maître de toute l'Espagne , 2, 125 *et suiv.* Entretien de Scipion et d'Annibal à Ephèse , 11, 247. Scipion sert en qualité de lieutenant sous son frère L. Corn. Scipion dans la guerre contre Antiochus , 298.

Scipion (*L. Cornélius*), dit *l'Asiatique* , est chargé de la guerre contre Antiochus, 11, 298.

Scipion Nasica, gendre de Scipion l'Africain , est chargé par Paul Émile d'une expédition importante , d'où il se tire avec honneur, 12, 217 . Il est envoyé en Macédoine pour y apaiser le trouble excité par Andriscus, 33o.

Scipion (*Publius*) l'Africain le Jeune , se distingue dans la guerre contre Carthage , 2, 201. Il est envoyé en ambassade en Egypte, en Syrie et en Grèce, 12, 453 *et suiv.* Eloge et caractère de Scipion; sa liaison intime avec Polybe, 2, 227 *et suiv.* Portrait de Scipion par Paterculus, 16, 337.

Scismas , fils aîné de Datame, se rend son accusateur auprès d'Artaxerxe, 6, 51.

Scopas est mis à la tête des troupes d'Etolie dans la guerre contre les Achéens, 10, 420 *et suiv.*

Scopas , architecte et sculpteur, 14, 373.

Scopas, athlète. Différend qu'il a avec Simonide , 6 , 409. Sa mort, *ibid.*

Sculpture. Différentes espèces renfermées dans la sculpture, 14, 336. Sculpteurs célèbres de l'antiquité, 347.

Scylax, Grec de Caryandie, est chargé par Darius de la découverte de l'Inde, 4, 45.

Scyllis, sculpteur, l'un des premiers qui aient employé le marbre, 14, 342.

Scylure, roi des Scythes, 4, 19.

Scytale, en usage chez les Lacédémoniens, 3, 324.

Scythes. Ils s'emparent de la haute Asie, 2, 365. Darius songe à les punir de cette irruption, 4, 26 *et suiv.* Ils envoient des ambassadeurs à Alexandre, qui lui parlent avec une liberté extraordinaire, 9, 12 *et suiv.* Il font la guerre à Phraate pour se venger de son injustice, le défont dans un combat, et ravagent son royaume, 12, 475. Mœurs des Scythes selon Hérodote, 4, 16 *et suiv.*

Scythopolis, ville de la tribu de Manassé, 2, 365.

Ségeste, ville de Sicile, se met sous la protection des Carthaginois, 1, 396.

Séjan, favori de Tibère, 16, 333.

Sélasie, ville du Péloponèse, fameuse par le combat entre Antigone et Cléomène, 10, 351.

Sélène, fille de Ptolémée Physcon et de Cléopâtre, est contrainte par sa mère d'épouser son frère Lathyre, 13, 6.

Séleucides. Ere fameuse des Séleucides, 9, 406. Fin de l'empire des Séleucides en Asie, 13, 342.

Séleucie, ville de Syrie, bâtie par Séleucus Nicator, 10, 24.

Séleucie, ville située sur le Tigre, bâtie par Séleucus Nicator, 10, 58.

Séleucus Nicator est mis à la tête de toute la cavalerie des alliés après la mort d'Alexandre, 9, 265 *et suiv.*

Séleucus Callinicus monte sur le trône de Syrie par le meurtre de son père Antiochus Théus, empoisonné par Laodice, 10, 228.

Séleucus Céraunus succède à son père Séleucus Callinicus, 10, 403.

Séleucus Philopator est laissé par son père Antiochus le Grand pour gouverner la Syrie pendant son absence, 11, 377. Il envoie Héliodore à Jérusalem pour en emporter les trésors, 12, 6.

Séleucus, fils de Démétrius Nicator, se fait déclarer roi de Syrie, 12, 484.

Séleucus, fils aîné d'Antiochus Grypus, roi de Syrie, lui succède, 13, 28.

Séleucus Cybiosacte, fils d'Antiochus Eusèbe et de Sélène, vient à Rome solliciter le sénat pour sa mère, 13, 39. Il accepte la couronne d'Egypte et de Bérénice, 473.

Séleucus, gouverneur de Peluse pour Cléopâtre, livre cette ville à César par l'ordre de Cléopâtre, 13, 441.

Sélinonte, ville de Sicile, 5, 99. Destruction de cette ville par Annibal, 1, 402.

Sémiramis, reine d'Assyrie; sa naissance, 2, 287 *et suiv.*

Sempronia, dame romaine, 16, 299.

Sempronius, consul, est vaincu par Annibal près de la Trébie, 2, 68.

Sénat carthaginois, 1, 340. Sénat de Sparte, 3, 303. Sénat d'Athènes, 6, 210. Portrait du sénat romain par Cinéas, 10, 141.

Sénèque le rhéteur, 15, 428. Différence entre Sénèque et Cicéron, 16, 433.

Sénèque, poète latin, 16, 167.

Sennaar, plaine où Babylone fut bâtie, 2, 282; 3, 216.

Sennachérib, roi de Ninive, déclare la guerre

à Ézéchias, et réduit Jérusalem à l'extrémité, 2, 322.

Septimius, officier romain, assassine Pompée, 13, 382.

Sépulture des morts en Orient, 3, 241. Sépulture des Scythes, 4, 14.

Sérapis, divinité adorée en Egypte, 10, 58.

Séron, commandant d'Antiochus Epiphane, est vaincu par Judas Machabée, et tué dans le combat, 12, 63.

Sertorius, général romain, fait un traité avec Mithridate, 13, 257.

Servilius sert dans l'armée romaine en qualité de proconsul, 2, 93.

Servius (*Maurus Honoratus*), philologue, 15, 387.

Sésac ou *Sésonchis*, roi d'Egypte, marche contre Jérusalem, en enlève tous les trésors, 1, 285.

Sésostris, roi d'Egypte; son éducation, 1, 266.

Séthon, roi d'Egypte, se fait consacrer souverain pontife de Vulcain, et se livre entièrement à la superstition, 1, 288.

Seuthe, prince de Thrace, est rétabli par Xénophon dans les états de son père, 5, 406.

Sextus, neveu de Plutarque, philosophe, 16, 272.

Sicaniens peuple d'Espagne; ils viennent s'établir en Sicile, 5, 97.

Sicile, île de la Méditerranée; sa description, 1, 390. Dénombrement des peuples qui y ont habité, 5, 97. La Sicile était le grenier et la mère nourrice du peuple romain, 14, 141.

Sicyone, ville du Péloponèse; ses rois, 3, 282. Elle est délivrée de la tyrannie par Aratus, et unie à la ligue des Achéens, 10, 256. Sicyone a été long-temps en grande réputation pour les arts, 14, 342, 452.

Sidoine Apollinaire, évêque de Clermont, poète latin, 16, 203.

Sidon, ville de Phénicie, 2, 273. Désespoir des Sidoniens lorsqu'ils voient Ochus maître de leur ville, 7, 465. Ils se soumettent à Alexandre, 8, 3o4.

Sièges. Manière dont les anciens faisaient les sièges, 15, 248 *et suiv.* Sièges célèbres de l'antiquité; de Carthage par les Romains, 2, 201. De Babylone par Cyrus, 3, 34. De la même ville par Darius, 4, 5. De Platée par les Lacédémoniens, 5, 3, 274. De Syracuse par les Athéniens, 3g3. De la même ville par Marcellus, 14, 58. De Tyr par Alexandre, 8, 3o9. De Rhodes par Démétrius, 9, 454. D'Athènes par Sylla, 13, 218. De Jérusalem par Tite, 15, 279.

Signaux par le feu Manière dont on donnait les signaux par le feu, 11, 52.

Silanion, célèbre statuaire, 14, 377.

Silence. Rude noviciat de silence que Pythagore faisait observer à ses disciples, 17, 108.

Silius Italicus, poète latin, 16, 178.

Simon, surnommé *le Juste*, succède à son père Onias dans la grande sacrificature des Juifs, 10, 23. Sa mort, 3g.

Simon, fils de Mathathias, 12, 61. Sa mort, 466.

Simon, Juif, préposé à la garde du temple; sa perfidie, 12, 6.

Simonide, poète grec, 3, 3g4; 16, 70. Naufrage de Simonide, 3, 3g6.

Sinatroccès, roi des Parthes, 13, 112.

Sinope, ville de Pont, est mise en liberté par Luculle, 13, 286.

Sisyphe, fils d'Éole, se rend maître de Corinthe, 4, 284.

Sitalcès, roi des Odrysiens dans la Thrace, 4, 463.

Smerdis ou *Tanaoxare*, fils de Cyrus, 3, 117. Cambyse le fait mourir, 328.

Smerdis le Mage se fait passer pour le fils de Cyrus, et monte sur le trône de Perse ; son imposture est découverte ; il est tué par les conjurés, 3, 126 *et suiv.*

Smerdone, fils d'Otane, l'un des six commandans de l'armée de Xerxès dans l'expédition de ce prince contre la Grèce, 4, 143.

Smirne, ville de l'Eolide, 3, 293.

Société. La justice et la bonne foi en sont les fondemens, 17, 219.

Socrate, prince des philosophes ; sa naissance ; il s'applique d'abord à la sculpture, puis à l'étude des sciences ; merveilleux progrès qu'il y fait ; son goût pour la morale ; son caractère ; ses emplois ; ce qu'il eut à souffrir de la mauvaise humeur de sa femme ; démon ou esprit familier de Socrate ; l'oracle de Delphes le déclare le plus sage des hommes, 6, 57 *et suiv.* Socrate se distingue à la bataille de Potidée et à celle de Délie, 4, 381. Sa liaison intime avec Alcibiade, 5, 79. Il se donne tout entier à l'instruction de la jeunesse d'Athènes ; attachement de ses disciples pour lui ; principes admirables qu'il leur donne soit pour le gouvernement, soit pour la religion : il s'applique à décréditer les sophistes dans l'esprit des jeunes gens d'Athènes, 5, 76, 93 *et suiv.* ; 16, 21. Ce qu'il faut entendre par l'ironie qui lui est attribuée, 5, 95. Socrate est accusé de mal penser des dieux, et de corrompre la jeunesse d'Athènes ; il se défend sans art et sans bassesse, 105 *et suiv.* Il est condamné à mort ; il refuse de se sauver de la prison ; il passe le dernier jour de sa vie à s'entretenir avec ses amis sur l'immortalité de l'ame, 110 *et suiv.* Il boit la ciguë ; punition de ses accusateurs, 112. Honneurs que les Athéniens rendent à sa mémoire, *ib.* Réflexions sur le jugement porté contre Socrate par

les Athéniens, et sur Socrate lui-même, 116 *et suiv.* Rapport entre la mort de Socrate et celle du gouverneur de Tigrane, 2, 425.

Socrate d'Achaïe commande un corps de troupes grecques dans l'expédition de Cyrus le Jeune contre son frère Artaxerxe, 5, 342. Il est arrêté par trahison et mis à mort, 380.

Socrate, fils de Nicomède, chasse son frère Nicomède du trône de Bithynie, 13, 207.

Sogdiane, province de l'Asie supérieure, 2, 269. Alexandre s'en rend maître, 9, 7. Elle se révolte contre ce prince, 8. Grandeur de courage de trente jeunes prisonniers sogdiens, condamnés à mort par Alexandre, 21.

Sogdien, fils naturel d'Artaxerxe Longuemain, tue Xerxès II, et monte à sa place sur le trône de Perse, 5, 51. Il est détrôné par Ochus qui le fait mourir dans la cendre, 52.

Soie. Etoffes de soie, 14, 263.

Soldat. Levée de soldats, 15, 80. Leur paie, 116. Charge des soldats dans la marche, 153. Fonctions et exercices des soldats romains dans leur camp, 178; 12, 211. Punitions des soldats qui manquaient à leur devoir, 15, 213. Récompenses accordées à ceux qui se distinguaient dans les combats, 228. A Rome, c'étaient les soldats qui, dans les comices, choisissaient les généraux, 70.

Soleil, astre, 17, 346. Profond respect avec lequel les Perses adoraient cet astre, 3, 217.

Solinus (C. Julius), philologue, 15, 383.

Solon, l'un des sept sages de la Grèce, est nommé par les Athéniens archonte et législateur, 3, 355. Gouvernement qu'il établit à Athènes, *ib et suiv.* Lois qu'il donne aux Athéniens, 363. Voyages de Solon en Égypte et en Lydie, 364. Conduite qu'il tient à la cour de Crésus, 2, 381. Entretien de Solon avec

Thalès sur le mariage , 3 , 352. De retour à Athènes, il trouve tout changé , 364. Il tâche en vain d'engager Pisistrate à abdiquer la tyrannie , 368. Mort de Solon , 363.

Sophistes. Définition des sophistes, 6, 95, Honneurs extraordinaires qu'on leur rendait dans toute la Grèce ; leur réputation ne s'y soutint pas longtemps ; ce qui acheva de les décrier, 16, 6 *et suiv.*

Sophocle, un des généraux athéniens, est envoyé en exil pour n'avoir pas tenté la conquête de la Sicile , 5, 95.

Sophocle, poète tragique, 16, 69. Sa mort ; tragédies qui nous restent de lui , 6 , 434. Caractère de Sophocle, 440.

Sophonisbe, fille d'Asdrubal , mariée à Siphax , 2 , 175. Masinissa, ayant vaincu Syphax , épouse Sophonisbe , *ibid.*

Sophrosyne, fille de Denys l'Ancien, mariée à son frère Denys le Jeune , 6 , 311.

Sornatius, un des officiers de Luculle, commande dans le Pont pendant l'absence de ce général, 13, 287.

Sosibe, ministre de Ptolémée Philopator, 10, 424 *et suiv.*

Sosibe, fils du précédent, est chargé de la garde de la personne du jeune roi Ptolémée Epiphane,11, 103.

Sosile, Lacédémonien, accompagne Annibal dans ses expéditions, et travaille à l'histoire de ce grand capitaine, 2, 169.

Sosis, un des chefs de la conspiration contre Hiéronyme, 14, 40. Il est choisi pour un des premiers magistrats, 44. Il commande les troupes envoyées au secours de Marcellus , 54.

Sosius (Caius), consul, se déclare pour Antoine, et se rend auprès de lui, 13, 427.

Sosthène, Macédonien, chasse les Gaulois de la Macédoine, et y règne pendant quelque temps, 10, 108.

Sostrate, architecte, bâtit la tour de Pharos, 10, 58; 14, 317. Tromperie dont il use pour avoir seul tout l'honneur de cet ouvrage, 1, 192.

Sostrate ou *Sosistrate*, gouverneur de Syracuse, livre cette ville à Pyrrhus, 10, 160.

Sotade, poète satirique, 10, 196. Juste punition qu'il reçoit à cause de ses médisances, 197.

Soumission. Comment il faut s'y prendre pour inspirer de la soumission, 2, 409. Manière dont les Perses avaient coutume d'exiger la soumission des peuples, 4, 43, 79.

Soüs, roi de Sparte, soumet avec Agis la ville d'Elos, 3, 445.

Spectacles. Sommes immenses que les anciens consacraient à la célébration des spectacles, 15, 34. Passion pour les spectacles, 6, 474. Différence de goût entre les Grecs et les Romains par rapport aux spectacles, 412.

Spendius, de Capoue, de concert avec Mathos, fait révolter les mercenaires contre les Carthaginois. Il est mis à leur tête, 3, 10 *et suiv.* Il entre en traité avec les Carthaginois, 19. Il est arrêté et pendu, 20.

Speusippe, philosophe, neveu de Platon, 17, 43. Circonstance particulière de sa vie, *ibid.* Il succède à l'école de son oncle après sa mort, 44.

Sphactérie, petite île vis-à-vis de Pyle, 5, 36.

Sphère : son invention, 17, 398.

Sphérus, philosophe, 10, 324.

Sphodrias, Lacédémonien qui commandait dans Thespies, forme une entreprise inutile contre le Pirée, 7, 303, 305. Il est absous de cette action par le crédit d'Agésilas, 306.

Spitamène, confident de Bessus, forme contre lui une conspiration, et le livre à Alexandre, 8, 488. Il soulève la Bactriane contre Alexandre, 490. Sa femme, ne pouvant le résoudre à se rendre à ce prince, l'égorge pendant la nuit, 9, 42.

Spithridate, un des principaux officiers d'Artaxerxe Mnémon, embrasse le parti d'Agésilas, et lui rend de grands services, 5, 460. Irrité de la sévérité excessive d'Hérippidas, il se retire à Sardes, 461.

Spithrobate, satrape d'Ionie et gendre de Darius, se distingue par sa valeur au passage du Granique, 8, 136. Sa mort, *ibid.*

Stace, poète latin, 16, 180.

Stade, mesure itinéraire des Grecs, 6, 390.

Stagire, ville de Macédoine et patrie d'Aristote, détruite par Philippe, et rebâtie par Alexandre, 8, 195.

Stasicrate, architecte et machiniste, est chargé par Alexandre de l'exécution du catafalque d'Éphestion, 9, 162. Il propose à Alexandre de tailler le mont Athos en forme humaine, *ibid.*

Stater, monnaie ancienne ; sa valeur, 4, 468.

Statique : définition de cette science, 17, 391.

Statira, femme d'Artaxerxe Mnémon ; vengeance qu'elle tire de la mort de son frère Tériteuchme, 5, 307. Elle est empoisonnée par Parysatis, 9, 7.

Statira, femme de Darius, tombe au pouvoir d'Alexandre, 8, 289. Mort de cette princesse, 376.

Statira, fille aînée de Darius, épouse Alexandre le Grand, 9, 139. Elle périt par les intrigues de Roxane, 268.

Statira, sœur de Mithridate, reçoit de ce prince l'ordre de mourir ; elle meurt courageusement, 13, 278 *et suiv.*

Stésagore, fils aîné de Cimon, est établi par son oncle Miltiade, souverain de la Chersonèse de Thrace, 4, 70.

Stésichore, poète grec, 3, 392 ; 16, 67.

Sténélus, roi de Micènes, 3, 283:4.

Stilpon, de Mégare , philosophe, 9, 422.

Stobée (Jean), philologue, 15, 387.

Stoïciens (secte des), 17, 85. Défaut ordinaire des stoïciens dans leurs écrits, 90. Sentimens des stoïciens sur le souverain bien, 194. Leur système sur la formation du monde, 286.

Statius, médecin, va à Rome avec Attale, 12, 273. Ses sages remontrances empêchent ce prince de demander le partage du royaume de Pergame avec son frère Eumène, 276.

Straton, philosophe, 17, 76. Ce qu'il pensait de la Divinité, 270.

Stratonice, fille de Démétrius , épouse Séleucus , 10, 26. Elle passe à son fils Antiochus, 94.

Stratonice, une des femmes de Mithridate , se soumet à Pompée, 13, 344. Vengeance qu'en tire Mithridate, *ibid.*

Suétone, historien latin, 16, 356.

Suffètes, premier magistrat chez les Carthaginois, 4, 538.

Suidas, grammairien grec, 15, 341.

Sulpitia, dame romaine, mise au rang des poètes latins, 16, 188.

Sulpitius (P.), préteur romain, est envoyé contre Philippe, 11, 25. Diverses actions de Sulpitius dans la Macédoine, 29. Il est nommé consul et passe en Macédoine, 151. Il remporte sur Philippe une victoire considérable, 136.

Sulpitius Gallus, tribun des soldats dans l'armée de Persée, annonce aux troupes une éclipse , 12, 225. Le sénat le charge de s'informer secrètement de la conduite d'Eumène et d'Antiochus, 304. Manière imprudente dont il se conduit dans cette commission, *ibid.*

Sulpitius, orateur latin, 16, 321.

Supérieurs. Ils doivent se persuader qu'ils sont établis pour les inférieurs, et non les inférieurs pour eux, 17, 205.

Superstition. Combien elle a de pouvoir sur l'esprit de la populace, 8, 386.

Surena, général de l'armée des Parthes, remporte une grande victoire sur Crassus, 13, 52 *et suiv.* Orode, jaloux de sa gloire, le fait mourir, 163. Éloge de Suréna, *ibid.*

Suse, ville de Perse, se soumet à Alexandre, 8, 421.

Sybaris, ville de la grande Grèce, 4, 427. Luxe et mollesse de ses habitans, *ibid.* Ruine totale de cette ville, 428.

Syennésis, roi de la Cilicie, abandonne le défilé de ce pays à l'approche de Cyrus le jeune, 5, 345.

Sylla sert sous Marius en qualité de questeur, 2, 257.

Syloson, frère de Polycrate, tyran de Samos ; sa générosité envers Darius, 3, 488. Récompense qu'il en reçoit, 489.

Symphonies dans la musique ; combien il y en a de sortes, 3, 29.

Synésius, évêque de Ptolémaïde, mis au rang des poètes grecs, 16, 57.

Syphax, roi de Numidie, embrasse le parti des Romains, 2, 174. Il est vaincu par Masinissa, 175. Il épouse Sophonisbe, et passe dans le parti des Carthaginois, 124, 175. Il est vaincu par Scipion, et fait prisonnier, 125, 176.

Syraco, nom d'un marais qui a donné son nom à Syracuse, 5, 134.

Syracuse, ville de Sicile ; sa fondation, 5, 99. Description de cette ville, 130. Histoire de Syracuse jusqu'au règne de Gélon, 14, 91. Règnes de Gélon,

4, 401. D'Hiéron, 413. De Thrasybule, 422. Siège de Syracuse par les Athéniens, 5, 137. La ville est réduite à l'extrémité, 159. Les Syracusains se rendent maîtres de l'armée des Athéniens, et en font mourir les deux chefs, 203. Denys s'empare de la tyrannie à Syracuse, 6, 498. Mouvemens inutiles des Syracusains contre lui, 7, 6, 41. Denys le Jeune succède à son père, 74. Dion le chasse du trône, 115. Horrible ingratitude des Syracusains à l'égard de Dion, 123. Denys le jeune remonte sur le trône, 154. Agathocle s'empare de l'autorité à Syracuse, 1, 431. Après la mort d'Agathocle, Syracuse recouvre sa liberté, 14, 96. Elle appelle à son secours Pyrrhus contre les Carthaginois, 2, 441 ; 10, 159. Elle se choisit Hiéron II pour roi, 13, 472 *et suiv.*

Syrie, province d'Asie, 2, 272. Elle est réduite en province romaine, 13, 49.

Syrus (P.), poète latin, 16, 123.

Sysigambis, mère de Darius, est faite prisonnière par Alexandre après la bataille d'Issus, 8, 289. Elle ne peut survivre à la mort d'Alexandre, 9, 180.

Sysimèthre, gouverneur du roc Choriène, se soumet à Alexandre, 9, 41.

Systèmes du monde, 17, 313.

T

Tachos monte sur le trône d'Egypte, 7, 408.

Tacite, historien latin, 16, 341. Ses ouvrages, 342. Caractère de son style, 350.

Tactique : en quoi consiste cet art, 3, 89 ; 11, 36.

Talent, valeur du talent babylonien, 2, 298.

Talthybius, héraut d'Agamemnon, honoré à Sparte comme un dieu, 4, 81.

Tamos, Egyptien, commande la flotte du jeune

Cyrus dans l'expédition de ce prince contre son frère, 5, 103.

Tanagre, ville de Béotie près de laquelle les Athéniens vainquirent les Spartiates, 4, 342.

Tarente, ville d'Italie, 3, 453. Les Tarentins appellent Pyrrhus à leur secours contre les Romains, 10, 125. Ce prince laisse une garnison dans leur ville, 159.

Tarentule, espèce d'araignée, 14, 459. Effet que produit sa morsure, et remède qu'on emploie pour s'en guérir, 480.

Tarragonnaise, partie de l'ancienne Espagne, 1, 385.

Tarse, ville de Cilicie, soumise par Alexandre, 8, 254.

Taurion, l'un des confidens de Philippe, empoisonne Aratus par ordre de ce prince, 11, 15.

Taxile, roi indien, se met sous la protection d'Alexandre, 9, 71. Alexandre l'envoie vers Porus pour l'engager à se soumettre, 87.

Taxile, un des généraux de Mithridate, 13, 228.

Tégée, ville d'Arcadie, 3, 270. Guerre entre ses habitans et ceux de Mantinée, 7, 372.

Tégyre, ville de Béotie, connue par le combat entre les Thébains et les Lacédémoniens, 7, 310.

Téléarque, charge chez les Thébains ; en quoi elle consistait, 7, 310.

Télècle, roi de Lacédémone, assassiné par les Messéniens, 3, 451.

Télescope, lunette à longue vue, 17, 320.

Téleutias est déclaré amiral de la flotte des Lacédémoniens, 6, 6. Il assiège Corinthe par mer, *ibid*. Il est envoyé contre Olynthe à la place de Plébidas, 8, 53. Il est tué dans un combat, *ibid*.

Tellus, bourgeois d'Athènes, estimé très heureux, et par quelle raison, 2, 382.

Télys, sybarite, cause la ruine de sa patrie, 4, 434.

Témène, l'un des chefs des Héraclides, rentre dans le Péloponèse, 3, 292. Argos lui tombe en partage, *ibid*.

Temples célèbres de la Grèce, 8, 189 ; 14, 320.

Tenne, roi de Sidon, livre cette ville à Ochus, 7, 464.

Térence, poète latin ; abrégé de sa vie, 1, 353 ; 16, 99. Parallèle de Térence avec Molière, 166.

Téribaze, officier d'Artaxerxe Mnémon, 5, 349.

Térillus, tyran d'Himère, mais dépouillé par Théron, engage les Carthaginois à porter la guerre en Sicile, 4, 403.

Tériteuchme, frère de Statira, femme d'Artaxerxe, épouse Hamestris, fille de Darius, 5, 305. Histoire tragique de Tériteuchme, *ibid*.

Terpandre, poète musicien, 14, 475.

Terres. Partage des terres établi à Sparte par Lycurgue, 3, 305. Réflexion sur ce partage, 324.

Tésin, rivière d'Italie, près de laquelle P. Scipion fut vaincu par Annibal, 1, 299 *et suiv*.

Testament. Coutume des soldats romains de faire leur testament avant le combat, 15, 212.

Teuta, après la mort d'Agron, son mari, prince d'Illyrie, règne à sa place, 10, 276. Insulte sanglante qu'elle fait aux Romains dans la personne de leurs ambassadeurs, *ibid*. Elle est obligée de demander la paix aux Romains, et l'obtient, 278.

Thaïs, célèbre courtisane née dans l'Attique, fait brûler, dans une partie de débauche avec Alexandre, le palais de Persépolis, 8, 336.

Thalès, de Milet, philosophe, fondateur de la secte ionique ; ses voyages ; son grand progrès dans les sciences l'a fait mettre au nombre des sept sages, 3, 399 ; 17, 11. Raisons qui l'ont empêché de

s'engager dans le mariage, 3, 348. Découverte de Thalès dans l'astronomie, 17, 12 ; 399. Sa mort, 17, 16. Ce qu'il pensait de la Divinité, 265.

Thalès, poète lyrique, 16, 65.

Talestris, reine des Amazones, vient de fort loin pour voir Alexandre, 8, 465.

Thamiris, fameux musicien qui fut livré à la vengeance des Muses, 14, 483.

Tharaca, roi d'Ethiopie après la mort de Séthon, 10, 302.

Thargélie, de Milet, courtisane, est mise au rang des sophistes, 16, 9.

Tharsis, second fils de Javan, s'établit dans la Grèce, 3, 278.

Thase, île dans la Thrace, se révolte contre les Athéniens, 4, 300. Cimon l'oblige de se soumettre, 301.

Théano, prêtresse à Athènes, refuse de maudire Alcibiade, 5, 125.

Théaride, frère de Denys l'ancien, est envoyé par ce tyran à Olympie pour y disputer le prix de la course des chariots et celui de la poésie, 7, 49.

Théâtre. Description du théâtre des anciens, 6, 453. Déclamation du théâtre composée et réduite en notes ; gestes du théâtre composés et réduits en notes, 10, 13 *et suiv.*

Thébaïde, partie de l'Egypte, 1, 146.

Thèbes, ville d'Egypte ; sa fondation, sa grandeur et sa magnificence, 1, 146. Sa destruction, 13, 36.

Thèbes, ville de Béotie dans la Grèce ; sa fondation, 3, 286. Rois de Thèbes, *ibid.* Les Thébains assiègent Platée, 4, 448. Ils remportent une victoire sur les Athéniens près de Délie, 306. Ils donnent un asile aux Athéniens qui avaient pris la fuite après la prise de leur ville par Lysandre, 5, 323. Ils se liguent avec Tithrauste contre les Lacédémoniens,

267. Valeur des Thébains à la bataille de Coronée, 280. Ils sont contraints par le traité d'Antalcide de rendre aux villes de Béotie leur liberté, 7, 273 *et suiv.* Ils appellent à leur secours Philippe contre les Phocéens, 8, 83 *et suiv.* Rétablissement de Thèbes par Cassandre, 9, 366. Les Thébains font alliance avec les Romains dans la guerre contre Persée, 12, 129. Ils se rendent aux Romains, 162. Sylla leur ôte la moitié de leur territoire, 13, 256.

Thébé, femme d'Alexandre, tyran de Phères, obtient de son mari la permission de voir et d'entretenir Pélopidas, 7, 358. Les conversations qu'elle a avec ce Thébain lui font naître de l'aversion pour son mari, 359. Elle fait assassiner Alexandre par ses trois frères, 370.

Théglathphalasar, roi de Ninive, 2, 320. Il porte du secours à Achaz, roi de Juda, contre les rois de Syrie et d'Israël, *ibid.*

Thémison, médecin célèbre de l'antiquité, 17, 340.

Thémiste, magistrat de Syracuse, conspire avec Andranodore pour s'emparer de la royauté, 14, 45. Il est tué par ordre des autres magistrats, *ibid.*

Thémistius, célèbre sophiste, 16, 28.

Thémistocle, Athénien, se distingue à la bataille de Marathon, 4, 252. Il écarte Épicyde du commandement, et se fait nommer général à sa place, 150 *et suiv.*

Thénon, commandant de la citadelle de Syracuse, se livre à Pyrrhus, 10, 160. Ce prince le fait mourir, 163.

Théocrite, poète à la cour d'Hiéron, 9, 265.

Théodore, principal d'entre les Eumolpides à Athènes ; ce qu'il hasarde de dire au sujet des malédictions, 5, 241.

Théodore, citoyen de Syracuse, ose se déclarer ouvertement devant Denys en faveur de la liberté, 7, 37.

Théodore, philosophe de la secte cyrénaïque, 17, 32. Doctrine impie qu'il enseignait, *ibid.*

Théodore, Athénien, père d'Isocrate, 16, 381.

Théodote, oncle d'Héraclide, député vers Dion pour le conjurer de venir promptement secourir Syracuse; il se remet entre ses mains; Dion lui pardonne, 7, 132 *et suiv.*

Théodote, gouverneur de la Bactriane, se révolte contre Antiochus, et se fait déclarer roi de cette province, 10, 210. Il meurt, 242.

Théodote, fils du précédent, succède à son père, 10, 242. Il forme une ligue offensive et défensive avec Arsace, *ibid.*

Théodote est chargé par Antiochus de faire la guerre à Molon, 10, 376. Il est vaincu et obligé d'abandonner le champ de bataille, *ibid.*

Théodote, Étolien, gouverneur de la Célésyrie pour Ptolémée, défend l'entrée de cette province contre Antiochus, et l'oblige de se retirer, 10, 380 *et suiv.*

Théodote, un des principaux conjurés contre la vie d'Hiéronyme, est appliqué à la question, et meurt sans découvrir aucun de ses complices, 14, 55.

Théodote, précepteur du dernier Ptolémée, conseille à ce prince de faire mourir Pompée, 13, 381. Il va présenter la tête de ce Romain à César, 384.

Théogiton, de Mégare, donne aux Grecs un avis sage après la bataille de Platée, 4, 213.

Théologie des anciens, 17, 275.

Théon, de Smyrne, qui s'est rendu célèbre par ses traités sur l'arithmétique et l'algèbre, 17, 385.

Théophraste, capitaine d'Antigone, refuse de sortir de Corinthe; Aratus le fait mourir, 10, 275.

Théophraste, philosophe, successeur d'Aristote, 17, 74. Sa dispute avec une vieille femme d'Athènes sur le prix de quelque chose qu'il marchandait, 75. En quoi il faisait consister la vraie béatitude, 76. Ce qu'il pensait sur la nature de la Divinité, *ibid.*; 270. Sa mort, 76.

Théopompe, roi de Sparte, établit les éphores, 3, 304. Il commande dans la guerre contre les Argiens, 448, puis contre les Messéniens, 451. Il est vaincu par Aristomène, fait prisonnier et mis à mort, 459.

Théopmope, disciple d'Isocrate, remporte le prix d'éloquence sur son maître, et a la faiblesse et la vanité de s'en vanter, 7, 454.

Théoxène, dame thessalienne et fille d'Hérodique, épouse Poris, 11, 447. Fin tragique et courageuse de Théoxène, 448.

Théramène, l'un des chefs athéniens, est chargé de donner la sépulture aux morts après la bataille des Arginuses, 5, 267. N'ayant pu exécuter cet ordre, il en rend responsables les autres chefs, et les accuse à Athènes, 269. Il est député vers Lysandre pendant le siège d'Athènes, 291. Il s'oppose à la violence de ses collègues, et s'attire leur haine, 315. Il est accusé par Critias, et mis à mort, 318.

Théramène, fameux rhéteur, 16, 382.

Therme, ville capitale de l'Étolie, prise d'emblée et ravagée par Philippe, 10, 454.

Thermopyles, passage du mont Œta dans la Thessalie, 4, 156. Combat des Thermopyles entre les Lacédèmoniens et Xerxès, 161. Victoire des Romains sur Antiochus près des Thermopyles, 11, 286.

Théron, tyran d'Agrigente, fait alliance avec Gélou, et remporte avec lui une grande victoire sur les Carthaginois, 4, 404.

Thésée, roi d'Athènes, 3, 293. Il meurt dans l'île de Scyros, où il avait été obligé de s'enfuir, 4, 281. Cimon rapporte ses os à Athènes, *ibid.*

Thesmothètes, magistats athéniens, 6, 220.

Thespies, ville d'Achaïe, ruinée par les Thébains, 7, 315.

Thespis, poète grec, regardé comme l'inventeur de la tragédie, 2, 366 ; 6, 425 ; 16, 57.

Thessalie, province de l'ancienne Grèce, 3, 271. Les Thessaliens se soumettent à Xerxès, 4, 156. Ils implorent le secours des Thébains contre Alexandre de Phères, 7, 350. Pélopidas les délivre, *ib*. Ils ont recours à Philippe contre leurs tyrans, 8, 63. Ce prince les en délivre, 64.

Thessalonice, femme de Cassandre, est tuée par Antipater, son fils aîné, 10, 37.

Thessalus, troisième fils de Pisistrate, 3, 371.

Thessalus, médecin, l'un des fils d'Hippocrate, 17, 337.

Thesta, sœur de Denys l'ancien, et femme de Polyxène ; réponse pleine de courage qu'elle fait à son frère à l'occasion de l'évasion de son mari, 7, 41.

Thètes, nom du menu peuple à Athènes, 6, 201.

Thethmosis ou *Amosis*, ayant chassé les rois pasteurs, règne en Egypte, 1, 263.

Thimbron, général lacédémonien, marche contre Tissapherne et Pharnabaze, 5, 409. Il est rappelé pour quelque mécontentement, 421.

Thoas, Etolien, chargé de s'emparer de Chalcis, manque son coup, 11, 262. Il se rend auprès d'Antiochus, et le détermine à passer en Grèce, 267.

Thrace, province d'Europe ; coutumes fort singulières de ses habitans, 4, 40. La Thrace passe au pouvoir de Philippe, 8, 99. Royaume de Thrace après la mort d'Alexandre, 9, 264.

Thrason, confident d'Hiéronyme, est accusé par Théodote d'avoir part à la conspiration formée contre Hiéronyme, 14, 35. Il est mis à mort, *ibid.*

Thrasybule, tyran de Milet, est assiégé par Alyatte 2, 378. Stratagème qu'il emploie pour se délivrer du siège, *ibid.*

Thrasybule, frère de Gélon, règne à Syracuse après la mort d'Hiéron, 422. Il se fait chasser du trône pour sa cruauté, 423.

Thrasybule, chef des Athéniens, est déposé, 5, 226. Il accuse à Athènes Alcibiade, et le fait déposer, 5, 253. Il quitte Athènes pour éviter la cruauté des trente tyrans; il chasse les tyrans de cette ville, et la remet en liberté, 321 *et suiv.*

Thrasyle, chef des Athéniens, est déposé, 5, 226.

Thrasymène, lac de Toscane, célèbre par la victoire d'Annibal sur les Romains, 2, 77.

Thucydide, historien grec; sa naissance; son goût pour les belles-lettres; il entreprend d'écrire l'histoire de la guerre du Péloponèse, 16, 211 *et suiv.* Il est commandé pour aller au secours d'Amphipolis, 5, 62. Les Athéniens lui font un crime d'avoir laissé prendre cette ville, et l'envoient en exil, 63, 31, 213. Il revient à Athènes au bout de vingt ans, *ib.* Il travaille à son histoire, 215. Il meurt, 216. Comparaison de Thucydide et d'Hérodote, *ibid.*

Thucydide, beau-frère de Cimon, est opposé à Périclès par la noblesse d'Athènes, 4, 349. Périclès vient à bout de le faire bannir, 357.

Thulé (île de), où il n'y a presque point de nuit, 17, 402.

Thurium, ville de Sicile; sa fondation, 4, 435.

Thycho-Brahé, célèbre astronome moderne, 17, 411.

Tymbrée, ville de Lydie, fameuse par le combat entre Cyrus et Crésus, 2, 464.

Thyréa, petit pays de la Grèce, qui occasiona la guerre entre les Argiens et les Lacédémoniens, 3, 448.

Thyus, gouverneur de Paphlagonie, se révolte contre Artaxerxe; il est soumis par Datame, 6, 45 *et suiv.*

Tiare des rois de Perse, 7, 418.

Tibérius Gracchus est envoyé par le sénat en Asie pour examiner la conduite d'Eumène et celle d'Antiochus, 12, 305.

Tibulle, poète latin, 16, 161.

Tigrane, fils d'un roi d'Arménie, obtient de Cyrus la grace de son père; il commande les troupes arméniennes, 2, 425 *et suiv.*

Tigrane, fils de Tigrane, roi d'Arménie, est relâché par les Parthes à la mort de son père, et mis sur le trône d'Arménie; il accepte la couronne de Syrie, et la porte pendant dix-huit ans, 13, 29 *et suiv.* Il épouse Cléopâtre, fille de Mithridate, 206. Il envahit le royaume de Cappadoce, 187. Il donne retraite à Mithridate; les Romains lui déclarent la guerre; Tigrane est vaincu par Luculle; il travaille de concert avec Mithridate à lever de nouvelles troupes, 297 *et suiv.* Il est vaincu une seconde fois, 311. Pompée marche contre lui, et le trouve en guerre avec son fils, 333. Tigrane s'abandonne lui et sa couronne à la discrétion de Pompée et des Romains, 334. Pompée lui laisse une partie de ses États, 341.

Tigrane, fils du précédent, fait la guerre à son père; il se met sous la protection de Pompée, 13, 333. N'étant pas content du décret de Pompée, il cherche à se sauver, 336. Pompée le réserve pour son triomphe, *ibid.*

Tigranocerte, ville d'Arménie, bâtie par Tigrane, **13**, 267. Luculle la prend et l'abandonne au pillage, 3oo.

Tigre, fleuve d'Asie, 8, 38o.

Timagore, député par les Athéniens à la cour de Perse, reçoit de grands présens, et est condamné à mort à son retour, 7, 348.

Timandre, concubine, rend à Alcibiade les derniers devoirs, 5, 512.

Timanthe, peintre célèbre de l'antiquité, 14, 424. Son tableau du sacrifice d'Iphigénie, 4a5. Tableaux qui lui ont fait remporter le prix de peinture sur Zeuxis et sur Parrhasius, 422.

Timarque, tyran de Milet, est vaincu et tué par Antiochus Théus, 10, 202.

Timarque, gouverneur de Babylone, se révolte contre Démétrius Soter, et est mis à mort, 12, 4o9.

Timasion est choisi pour un des commandans des Grecs, après la mort de Cléarque, 5, 385.

Timasithée, chef des pirates de Lipare ; procédé noble et religieux dont il use à l'égard des Romains, 7, 157.

Timée, femme d'**Agis** ; excès de sa passion pour Alcibiade, 5, 15o.

Timocharis, astronome de l'antiquité, 17, 4o7.

Timocléa, dame thébaine, 3, 39o. Action courageuse de cette dame pendant le saccagement de Thèbes, 391.

Timocrate, ami de Denys le jeune, épouse la femme de Dion qui était exilé, 7, 104. Il prend la fuite à l'approche de Dion, 113.

Timolaüs, de Corinthe, conseille aux villes liguées contre les Lacédémoniens d'aller les attaquer chez eux, 5, 474.

Timolaüs, Lacédémonien, hôte de Philopémen,

est chargé par ses concitoyens d'aller lui offrir les richesses de Nabis, 11, 265. Il s'acquitte avec peine de cette commission, 166.

Timoléon, Corinthien, sacrifie son frère Timophane à sa patrie, 7, 159 *et suiv.* Il remporte plusieurs victoires sur les Carthaginois, 174 ; 1, 419. Il rend la liberté à Syracuse, et y établit de sages lois, 7, 176. Il affranchit les autres villes de Sicile de la tyrannie, 180 *et suiv.*

Timophane, Corinthien, s'étant rendu tyran de sa patrie, est assassiné par son frère Timoléon, 7, 159.

Timothée, fils de Conon, est envoyé par les Athéniens avec une flotte au secours des Thébains, 7, 307. Il ravage les côtes de la Laconie, et se rend maître de l'île de Corcyre, *ibid.* Il est employé par les Athéniens dans la guerre contre les alliés, 333. Il est accusé par Charès, et condamné à une grosse amende, 340. Il se retire à Chalcide, et y meurt, *ib.* Beau mot de Timothée, 367. Son éloge, 336.

Timothée, lieutenant d'Antiochus Epiphane, est vaincu par Judas Machabée, 12, 73. Il est vaincu une seconde fois par le même sous le règne d'Antiochus Eupator, 393.

Timothée, sculpteur célèbre de l'antiquité, 14, 375

Timothée, poète-musicien, 14, 489. Changement qu'il fit à la cithare, 490.

Timoxène est nommé général des Achéens à la place d'Aratus, 10, 329.

Timoxène, femme de Plutarque, 16, 272.

Tiribaze, satrape de l'Arménie occidentale, inquiète les Grecs dans leur retraite, 5, 393.

Tirintatechme, fils d'Artabane, l'un des commandans de l'armée de Xerxès dans l'expédition de ce prince contre la Grèce, 4, 143.

Tisamène, fils d'Oreste, règne à Mycènes avec son frère Penthile, 3, 284.

Tisias, rhéteur grec et sophiste, 15, 390; 16, 15.

Tisippe, Etolien, est accusé d'avoir exercé de grandes cruautés contre ceux qui n'avaient pas embrassé le parti des Romains contre Persée, 12, 287. Paul Emile le renvoie absous, 288.

Tissapherne, Persan de qualité, est chargé par Darius de soumettre Pisuthue, gouverneur de Lydie, 5, 55. Il le fait, et reçoit le gouvernement de Lydie pour récompense, *ibid*. Il se laisse séduire par les flatteries d'Alcibiade, 216, et l'envoie prisonnier à Sardes, 233. Il commande dans l'armée d'Artaxerxe Mnémon à la bataille de Cunaxa, et se distingue dans le combat, 351, 356, 559. Il se charge de reconduire les Grecs jusque dans leur patrie, 378. Il arrête par trahison Cléarque et quatre autres généraux, et les envoie à Artaxerxe, 382. Il se joint à Pharnabaze pour s'opposer aux entreprises de Dercyllidas, 429. Il envoie commander à Agésilas de sortir d'Asie, et lui déclare la guerre en cas de refus, 451. Il est vaincu près de Sardes, 454. Il est accusé de trahison, 455. Artaxerxe le fait mourir, 456. Caractère de Tissapherne, 55; 454.

Tite-Live, historien latin, 16, 311. Caractère de son ouvrage, 316.

Tithrauste arrête Tissapherne par ordre d'Artaxerxe, et est mis à la tête des armées à sa place, 5, 456. Il soulève plusieurs villes de la Grèce contre les Lacédémoniens, 467.

Tite, empereur romain, assiège et prend Jérusalem, 15, 280 *et suiv.*

Tobie est emmené captif en Assyrie, 2, 522. Il se cache pendant quelque temps pour se dérober à

la cruauté de Sennachérib, 327. Il prédit à ses enfans la ruine de Ninive, 330.

Tomes, ville d'Europe sur le Pont-Euxin, lieu de l'exil d'Ovide, 16, 156.

Tomyris, reine des Scythes, 2, 345. Manière dont Hérodote raconte qu'elle fit mourir Cyrus, *ibid.*

Toricelle, mathématicien, 12, 338.

Tortue, machine de guerre des anciens, 15, 255.

Tours mobiles employées par les anciens dans les sièges de villes, 15, 264.

Tournefort (de), fameux botaniste, 17, 361.

Tragédie, son origine, 6, 425. Ses progrès ; poètes qui se sont distingués dans la tragédie, 440 *et suiv.*

Trajan. Décret de cet empereur au sujet de ceux qui plaident, 16, 438. Réponse de Trajan à une lettre de Pline le Jeune au sujet des chrétiens, 461. Panégyrique de Trajan par Pline le Jeune, 496 *et suiv.* Colonne trajane, 14, 292.

Traités Coutume bizarre de faire les traités parmi les Ibériens et les Scythes, 4, 14.

Trébie, rivière de Lombardie, célèbre par la victoire d'Annibal sur les Romains, 2, 69.

Trémellius, surnommé *Scrofa*, défait et tue un troisième usurpateur du royaume de Macédoine, 12, 334.

Trente. Conseil des trente établi à Lacédémone, 3, 303. Trente tyrans établis à Athènes par Lysandre, 5, 293. Cruautés qu'ils exercent dans cette ville, 316. Trasybule les chasse d'Athènes, 323. Ils tâchent de se rétablir, et sont tous égorgés, 324.

Trézène, ville de l'Argolide, donne retraite aux Athéniens qui venaient d'abandoner leur ville, 4, 174.

Triarius, un des généraux de Luculle, est défait par Mithridate, 13, 315.

Triballes, peuple de la Mœsie, 8, 130. Ils prétendent partager avec Philippe le butin fait sur les Scythes, *ibid.* Ils sont vaincus par ce prince, *ibid.*

Tribonien, célèbre jurisconsulte, 17, 241.

Tributs. Leur établissement, 3, 76.

Triérarques, officiers athéniens : leurs fonctions, 6, 279.

Triomphe. Description du triomphe chez les Romains, 15, 231.

Trogile, port de Syracuse, 5, 135.

Trogue-Pompée, historien latin, 16, 358.

Troie, ville d'Asie, prise et brûlée par les Grecs, 3, 287.

Trophées érigés par les anciens après une victoire, 6, 415.

Trophonius, héros ; oracles célèbres de Trophonius dans la Béotie, 6, 341.

Tryphène, fille de Physcon, est mariée à Antiochus Grypus, 12, 487. Elle sacrifie à sa jalousie sa sœur Cléopâtre, 13, 10. Antiochus de Cyzique la fait mourir dans les tourmens, 13.

Tunis, ville d'Afrique, est prise par Régulus, 1, 458. Elle sert de place d'armes aux mercenaires révoltés contre Carthage, 2, 20.

Turenne (de), son équité et sa religion, 16, 277.

Tydée, un des chefs athéniens, rejette les conseils d'Alcibiade, et est cause de la perte de la bataille près d'Ægos-Potamos, 5, 284.

Tyndare, roi de Lacédémone, 3, 287.

Tyque, quartier de la ville de Syracuse, 5, 183.

Tyr, ville de Phénicie ; sa fondation, 8, 336. son commerce et sa puissance, 14, 195. Siège et prise de Tyr par Nabuchodonosor, 2, 339. Darius la rétablit dans ses anciens privilèges, 3, 17. Siège et prise

de Tyr par Alexandre, 8, 317 *et suiv.*, puis par An-tigone, 3, 373. Accomplissement des différentes prophéties sur Tyr, 8, 299.

Tyran. Origine de ce nom et sa signification, 3, 298. Différence entre être roi et être tyran, 6, 432.

Tyrannion, grammairien grec ; soin qu'il pre-nait d'amasser des livres ; estime qu'avait pour lui Cicéron, 15, 331 *et suiv.*

Tyrannion, grammairien grec, disciple du pré-cédent, 15, 335.

Tyrtée, poète grec, 16, 47. Les Athéniens le donnent aux Lacédémoniens pour les commander, *ibid.* Il encourage ceux-ci, et leur fait remporter une grande victoire sur les Messéniens ; il est ag-grégé au nombre des citoyens de Sparte ; caractere de la poésie de Tyrtée, 3, 464 *et suiv.*

Tzetzès, grammairien grec, 15. 341.

U

Uchoréus, roi d'Egypte, bâtit Memphis, 1, 261.

Udiaste, ami de Téritcuchme, l'assassine par ordre de Darius, 5, 305. Statira le fait mourir dans les tourmens, 307.

Ulpien, jurisconsulte, 17, 237.

Univers : ce que les anciens entendaient par ce mot, 17, 291.

Université de Paris. La France lui a l'obligation de l'établissement des postes et des messageries, 3, 174.

Usure : jusqu'à quel excès elle fut portée dans les derniers temps de la république romaine, 13, 280.

Utique, ville d'Afrique, abandonne le parti de Carthage, et se joint aux mercenaires révoltés, 2, 17. Elle est obligée de se rendre à discrétion, 22. Elle se remet entre les mains des Romains, 189.

Ceux-ci la gratifient des terres qui sont entre Carthage et Hippone, 224.

Uxiens, peuple sur la frontière de Perse , soumis par Alexandre, 8, 428.

V

Vaisseau, Galère, Navire. Construction des vaisseaux anciens, 6, 267 *et suiv.* Équipement des galères à Athènes , 279. Vaisseau d'énorme grandeur que Ptolémée Philopator fit construire , 10 , 40. Autre vaisseau construit par Archimède, 14, 24.

Varguntéius, un des lieutenans de Crassus , s'étant séparé du gros de l'armée, est attaqué par les Parthes , et périt en combattant glorieusement , 14, 24.

Varron (C. Térentius) consul, est vaincu par Annibal à la bataille de Cannes, 2, 92 *et suiv.*

Varron (M. Térentius), philologue , 15 , 350.

Ventidius , soldat romain, parvient par son mérite aux plus hautes dignités de la république, 13 , 169. Il répare l'affront que les Romains avaient reçu à la bataille de Carcs, et défait les Parthes en plusieurs rencontres, 170 *et suiv.*

Vérité. Elle est le fondement du commerce entre les hommes, 8, 185.

Verre. Peinture sur le verre, 14, 410.

Verrès, préteur en Sicile pour les Romains, enlève à Antiochus l'Asiatique un chandelier d'or destiné pour le Capitole, 13, 40.

Vertu. Belles maximes sur la vertu , 17, 225.

Vésal, médecin flamand , est le premier qui ait débrouillé ce qu'on appelle anatomie, 17, 367.

Vespuce (Améric) continue les découvertes de Colomb , et donne son nom au nouveau monde , 17, 437.

Vieillesse. Respect qu'on avait pour les vieillards en Egypte, 1, 204, et à Sparte, 3, 335. Différens services que les vieillards peuvent encore rendre à l'Etat, 4, 264.

Villius est nommé consul, et fait la guerre à Philippe à la place de Sulpitius, 11, 139. Pendant son année, il ne se passe rien de considérable, 141. Il est envoyé en ambassade auprès d'Antiochus, et vient à bout de rendre Annibal suspect à ce prince, 248 *et suiv.*

Virgile, poète latin ; sa naissance ; ses ouvrages, 16, 126 *et suiv.* Il procure à Horace la connaissance de Mécène, 131. Sa mort, 134. Distinction que Quintilien met entre Virgile et Homère, *ibid.*

Virginius Rufus, tuteur de Pline le jeune, 16, 435.

Vitruve, architecte, 14, 285.

Vivres : ordre que les anciens gardaient à l'armée pour les vivres, 15, 105.

Voyages au Pérou et dans le Nord, 17, 423.

Vol. Le vol d'une certaine espèce était permis et même commandé aux jeunes Lacédémoniens, 3, 314. C'était le crime le plus sévèrement puni chez les Scythes, 4, 16. Avec quelle sévérité il était défendu aux soldats romains, 15, 181.

Vrai dans la peinture : en quoi il consiste, 14, 396.

X

Xanthippe, Lacédémonien, vient au secours des Carthaginois, 1, 459. Il défait l'armée de Régulus, 464. Il se retire bientôt après, et disparaît, 466.

Xanthippe, citoyen d'Athènes, accuse Miltiade de trahison, 4, 97.

Xanthippe, père de Périclès, abandonnant Athènes à l'approche de Xerxès, son chien suit son vaisseau

jusqu'à Salamine, et expire sur le rivage, 4, 175.

Xanthippe, Athénien, commande avec Léotychide, roi de Lacédémone, la flotte des Grecs, et remporte près de Mycale une grande victoire sur les Perses, 4, 222.

Xanthippe, fils aîné de Périclès, meurt de la peste, 4, 476.

Xanthippe, femme de Socrate, le fait souffrir par sa mauvaise humeur, 6, 65.

Xanthus, philosophe, dont Esope fut esclave, 3, 411.

Xénétas, Achéen, est envoyé par Antiochus pour soumettre Molon et Alexandre, 10, 379 Il donne dans une embuscade, et périt avec toute son armée, *ibid.*

Xénocrate, philosophe, 17, 44. Son caractère, 45. Son désintéressement, 46. Sa pauvreté, 49. Ce qu'il pensait de la nature de la Divinité, 270. Sa mort, 53. Comment il fut reçu d'Antipater vers lequel il avait été député par les Athéniens, 9, 285.

Xénon est chargé par Antiochus de la guerre contre Molon, 10, 377. Il est vaincu, 378.

Xénon, Achéen, se récrie dans une assemblée contre la demande des commissaires romains, 12, 293.

Xénophane, ambassadeur de Philippe vers Annibal, tombe entre les mains des Romains, 11, 6. Il s'échappe, et conclut le traité avec Annibal, 7. Il est arrêté à son retour par les Romains, 8.

Xénophane, philosophe : ce qu'il pensait de la nature de la Divinité, 17, 267.

Xénophon, historien et philosophe, 16, 228 ; 17, 24. Sa naissance, 16, 228. Il s'engage au service de Cyrus le Jeune, 5, 344. Il commande

dix mille Grecs après la mort de Cléarque, et les ramène dans leur pays, 386 *et suiv.* Il se joint aux Lacédémoniens dans la guerre contre Tissapherne et Pharnabaze, 408. Il combat auprès d'Agésilas à la bataille de Coronée, 481. Il se retire à Corinthe, 17, 25. Il y meurt, *ibid.* Ouvrages de Xénophon, 16, 229. Caractère de son style, 230 ; 2, 429 Différence entre Xénophon et Hérodote au sujet de Cyrus, 3, 101.

Xerxès I, fils de Darius, est élu roi de Perse préférablement à son frère Artabazane, 4, 105 *et suiv.* Xerxès entre en confédération avec les Carthaginois, 126 ; 1, 292. Il se met en marche, et donne ordre qu'on perce le mont Athos, 4, 127. Lettre qu'il écrit à cette montagne à ce sujet, 128. Il s'avance vers Sardes, 129 *et suiv.*

Xerxès II, fils d'Artaxerxe Mnémon, monte sur le trône de Perse, 5, 51. Il est assassiné par son frère Sogdien, 52.

Xipharès, fils de Mithridate, est tué par son père, 13, 344.

Xiphilin, patriarche de Constantinople, abréviateur de Dion Cassius, 16, 285.

Xuthus, fils d'Hellen, s'établit dans l'Attique, 3, 291.

Xychus, qui avait été à Rome avec Apelle et Philocle en qualité de secrétaire d'ambassade, est arrêté et conduit devant Philippe, 11, 486. Il découvre à ce prince tout le complot de Persée contre Démétrius, 487.

Z

Zabdiel, prince arabe, trahit Alexandre Bala 12, 406. Il livre à Triphon Antiochus, fils d'Alexandre, 412.

Zaleucus, législateur chez les Locriens, 4, 339. Sagesse de ses lois, 340.

Zancle, ville de Sicile, 5, 99.

Zara, roi d'Ethiopie et d'Egypte, fait la guerre à Asa, roi de Juda, et est vaincu, 1, 286.

Zénis, Dardanien, gouverneur d'Eolie sous Pharnabaze, 5, 422.

Zénodote, bibliothécaire de Ptolémée Soter à Alexandrie, 10, 244.

Zénon, philosophe, chef de la secte des stoïciens, 17, 85. Ses sentimens sur la dialectique, 165. Sa théologie, 270. Sa mort, 87.

Zeugites, troisième classe de citoyens à Athènes, 6, 202.

Zeuxis, célèbre peintre de l'antiquité, 6, 201.

Zoïppe, gendre d'Hiéron ; son grand crédit auprès d'Hiéronyme, 14, 35. Il va en ambassade en Egypte, et y reste volontairement, 47.

Zopyre, seigneur persan, mutile son corps pour rendre service à Darius, 4, 7. Il rend ce prince maître de la ville de Babylone, 9. Récompense qu'il reçoit de Darius pour un si grand bienfait, 10.

Zopyre, esclave de Périclès et gouverneur d'Alcibiade, 5, 80.

Zoroastre, chef et instituteur de la secte des mages chez les Perses, 3, 233.

Zoroastre, autre chef et réformateur de la même secte, *ibid. et suiv.*

Zorobabel, chef des Juifs qui retournèrent à Jérusalem après l'édit de Cyrus, 3, 75.

Zosime, historien grec, 16, 288.

FIN DE LA TABLE DES MATIÈRES.

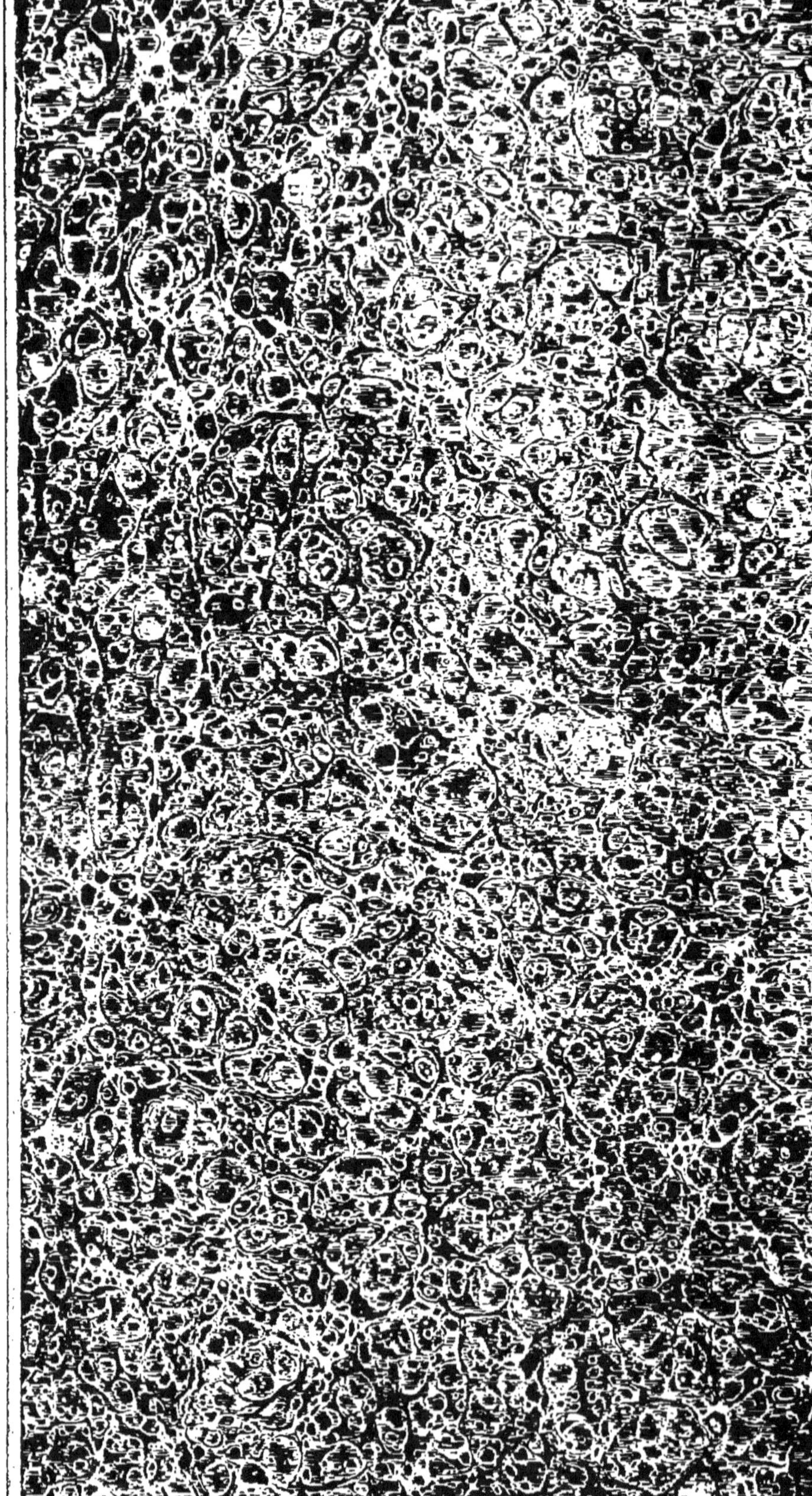

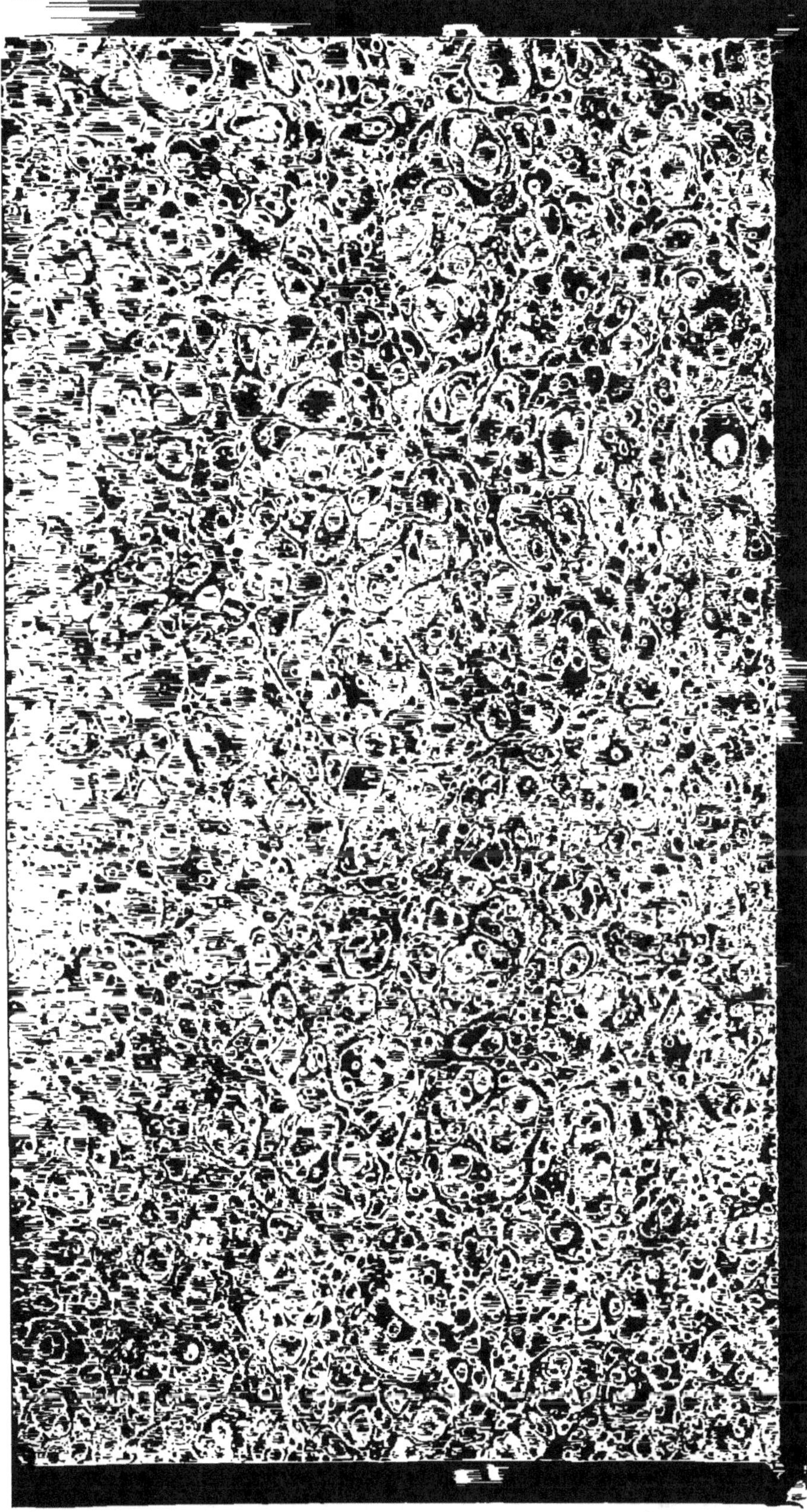